U0514941

全本全注全译丛书

中华经典名著

尚荣◎译注

坛经

中华书局

图书在版编目（CIP）数据

坛经/尚荣译注. —北京:中华书局,2013.4(2025.4 重印)
(中华经典名著全本全注全译丛书)
ISBN 978-7-101-09209-7

Ⅰ.坛… Ⅱ.尚… Ⅲ.①禅宗-佛经-中国-唐代②《六祖坛
经》-译文③《六祖坛经》-注释 Ⅳ.B946.5

中国版本图书馆 CIP 数据核字(2013)第 033896 号

书　名	坛　经
译注者	尚　荣
丛书名	中华经典名著全本全注全译丛书
责任编辑	刘胜利
装帧设计	毛　淳
责任印制	韩馨雨
出版发行	中华书局
	（北京市丰台区太平桥西里 38 号　100073）
	http://www.zhbc.com.cn
	E-mail:zhbc@zhbc.com.cn
印　刷	北京中科印刷有限公司
版　次	2013 年 4 月第 1 版
	2025 年 4 月第 19 次印刷
规　格	开本/880×1230 毫米　1/32
	印张 7¼　字数 150 千字
印　数	274001-304000 册
国际书号	ISBN 978-7-101-09209-7
定　价	22.00 元

目　录

前　言

　　作为禅宗的宗经宝典,《六祖坛经》(亦称《坛经》)在中国佛教中占有特别重要的地位。它是绝无仅有的一本被称作是"经"的由中国僧人撰述的佛典。因为根据佛教的传统,只有记叙佛祖释迦牟尼言教的著作才能被称为"经",佛的弟子及后代佛徒的著作只能被称为"论"。以《坛经》冠名惠能(也作"慧能")的言教,足见"六祖革命"后,中国佛教的变革风习,也足见《坛经》在中国佛教史上的地位之高,惠能禅宗影响之大。

一　《坛经》书名

　　关于《坛经》一名的缘由,"坛"原是指《坛经》的作者——禅宗六祖惠能于唐仪凤元年(676)出家受戒的戒坛,此戒坛原为南北朝刘宋时,印度僧人求那跋陀罗三藏创建,并立碑预言:"后当有肉身菩萨,于此受戒。"至梁天监元年(502),又有智药三藏从西竺国航海归来,带回菩提树一株种植于戒坛之畔,预言:"后一百七十年,有肉身菩萨,于此树下开演上乘,度无量众,真传佛心印法主也。"其后一如谶语所言,作为禅宗创始人的惠能于此阐扬佛法,将此"戒坛"更赋予了"法坛"的意义。惠能对当时的传统禅学进行了一系列根本性的变革,其影响之深,变化之巨,致使佛教史上誉称之为"六祖革命"。由此我们可知《坛经》之名中的"坛"乃取"法坛"之意;而"经"意是由于惠能门徒"视能如佛";惠能之法语,如同佛经,因此名为《坛经》。

二 《坛经》作者

惠能(636—713),唐代人,是中国佛教史上一位富于传奇色彩的人物。关于"惠能"一名的由来,据载:惠能刚出生时,曾有二异僧造谒,专为之安名,上惠下能:"惠者,以法惠施众生;能者,能作佛事。"这预示着惠能是因弘法而来,今后必将大兴佛法、惠施众生。"惠能"亦作"慧能",二者通用。佛教在使用上,"惠"是"施"义,"慧"则是"智"义,以"法""惠济众生",属"六度"中的布施,以"法""慧施众生",则是"六度"中的般若。

惠能俗姓卢,据大多数《坛经》本子中"本贯范阳"及《神会语录》载惠能"先祖范阳人也"可知,惠能祖籍范阳,即今河北、北京一带。父亲卢行瑫,母亲李氏。父亲原本为官,唐武德三年(620)被"左降迁流岭南"而贬为新州(今广东新兴)百姓。惠能三岁时遭父丧之劫难,从此家境"艰苦贫辛",稍长,不得不"于市卖柴",靠每日砍柴鬻柴维持生计。虽则身处贫贱,却早早地显示出卓尔不群、异于常人的风范。《曹溪大师别传》中说他"虽处群辈之中,介然有方外之志",显示了一代弘法大师的高远超迈的宏阔气象。

关于惠能出家的典故,历来有"闻经悟道"的记载:一日,惠能市集卖柴,偶听一客诵读《金刚经》,一闻便悟,经人指点后前往蕲州黄梅县(今湖北黄梅西北)东山寺参拜五祖弘忍大师,并开宗明义声称自己远来,"惟求作佛,不求余物",显示出不凡的根器和超越常人的智慧。受到五祖明为叱责,实为考炼的问难:"汝是岭南人,又是獦獠,若为堪作佛!"惠能以"人虽有南北,佛性本无南北,獦獠身与和尚不同,佛性有何差别"慨然作答,深契五祖弘忍之心,认定惠能根性大利,定下传授衣钵之心念。

"得传法衣"是惠能一生重要的事件,这缘于惠能所作的偈颂:"菩提本无树,明镜亦非台。本来无一物,何处惹尘埃。"相比较于弘忍的上首弟子,当时已是教授师的上座神秀所作"身是菩提树,心如明镜台。时时勤拂拭,勿使惹尘埃"的"未见本性"的偈颂而言,前者深契心性常清净的旨趣,明了"一切万法,不离自性"的道理,令弘忍大为赞赏,是夜三更,五祖弘忍密召惠能,为其演说《金刚经》并密授衣法。由于六祖惠能的根器非凡,五祖弘忍的慧眼独具,导致了惠能成为禅宗六祖、行化曹溪、大开"东山法门",创立了中国佛教史上影响最大的禅宗"南宗",并对中国传统思想、社会生活、文化艺术等领域发生了重大的影响。

法衣的付予标志着尚未出家的惠能已经承继了禅宗传法衣钵,得到了禅宗宗主的地位,从而成为了第六代祖师。在广州法性寺,惠能以"风幡之议"为契机,在公众面前亮相,从此一鸣惊人,一举奠定其作为一代宗师的地位。

唐高宗仪凤元年(676)正月十五日,惠能在法性寺正式出家受戒,时年三十九岁。印宗法师为之剃发并请律师授戒。唐玄宗先天二年(713)八月,惠能示寂于新州国恩寺,春秋七十有六。是年十一月,六祖惠能大师的遗体被弟子迎回曹溪宝林禅寺,即今天的南华禅寺,寺内六祖殿现供奉有六祖惠能肉身像。

唐宪宗于元和十一年(816)下诏追谥惠能为"大鉴禅师";北宋太平兴国元年(976),宋太宗加谥惠能为"大鉴真空禅师";宋仁宗时,惠能又被追谥为"大鉴真空普觉禅师"。后来,宋神宗又追谥惠能为"大鉴真空普觉圆明禅师"。

惠能在中国禅宗的发展史上是一个划时代的人物,在佛教中国化过程中起到里程碑的作用,在中国思想文化史上是一个具有重大影响的历史人物。

三　《坛经》的内容与结构

　　《坛经》一书是六祖惠能在黄梅得法之后回到南方,于曹溪宝林寺住持期间,应韶州韦刺史的邀请,在韶州大梵寺讲堂为僧俗一千余人说法,门人对其说法内容进行的记录和整理。全书叙述了惠能学佛的缘由和行历,概括了惠能的主要思想,记载了其圆寂前对禅宗宗旨的总结,主要描述了惠能如何由一个不识文字的砍柴少年最终成为一代禅宗宗师的过程,通过这一脉络,阐明了禅宗的具体传承、南宗的禅法,以及南宗对般若、定慧、坐禅、顿渐、一行三昧、无相、无住、无念等问题的解释。

　　全书内容分为三部分:首先是惠能自述生平,基本反映惠能出身贫苦、黄梅得法、南归传禅的主要事迹;其次是惠能弘法所说内容,即其如何以空融有、直了心性、顿悟成佛的禅学思想和禅法特色;最后是惠能弟子对大师的请益以及他与弟子的问答。印顺法师在《中国禅宗史》中总结道:"惠能在大梵寺,'说摩诃般若波罗蜜法,授无相戒'。传说由弟子法海记录,为《坛经》主体部分。这在惠能生前,应该已经成立了。等到惠能入灭,于是惠能平时所接引弟子的机缘,临终前后的情形,有弟子集录出来,附编于被称为《坛经》的大梵寺说法部分之后,也就泛称为《坛经》。这完成了《坛经》的原型,可称为'曹溪原本'。《坛经》的内容历代有所增删,尤其是最后部分多为在后来流传过程中所添加的内容,多是惠能弟子和以后的禅宗门人所作,但我们认为这些是对于惠能在大梵寺所说禅法的补充、延伸和发展,是为了迎合禅宗后来发展需要而产生的,是惠能后学在丰富和发展南宗禅法过程中集体智慧的积淀,也是符合禅宗基本思想内容的。从某种意义上讲,我们所称的惠能的《坛经》更适于称之为禅宗的《坛经》。"

　　《坛经》的主要思想可以概括为"即心即佛"的佛性论,"顿悟见性"

的修行观,"自性自度"的解脱观。

四　《坛经》的版本与注疏

《坛经》自问世以来,由于其通俗易懂而得以风行天下,在广为流传的过程中经常有传抄讹误的现象发生,加之惠能门人和后学基于各种意图不断地进行修订和补充,导致《坛经》在其长期的流传过程中出现了许多不同的版本。

日本学者石井修道曾总结了十四种《坛经》版本;宇井伯寿《禅宗史研究》归纳了二十种《坛经》版本;杨曾文表列了近三十种《坛经》版本。柳田圣山所编的《六祖坛经诸本集成》收集中日两国十一个不同的版本等等。但是在众多的版本中,经过专家学者的梳理,有了大致相同的看法。

郭朋认为"真正独立的《坛经》本子仍不外乎敦煌本(法海本)、惠昕本、契嵩本、宗宝本这四个本子,其余,都不过是这四种本子中的一些不同翻刻本或传抄本而已"。

日本学者田中良昭在《坛经典籍研究概史》一文中认为:目前,《坛经》的版本系统,依驹泽大学禅宗史研究会所刊行之《惠能研究》,约可以分为五种:一、敦煌本;二、惠昕本;三、契嵩本;四、承继敦煌本系古本与契嵩本而再编的德异本;五、主要承接契嵩本而再编的宗宝本。

洪修平认为"根据我们的研究,现有《坛经》真正有代表性的其实只有敦煌本、惠昕本和契嵩本三种,因为德异本和宗宝本实际上都是属于契嵩本系统的。但由于宗宝本是明代以来的通行本,所以……仍然把它作为一个独立的本子"。

王月清在其注评的《六祖坛经》一书中认为《坛经》在流传过程中,内容不断变化,迄今异本不下十几种,其中最有代表性的有:1.敦煌本,2.惠昕本,3.契嵩本,4.德异本和曹溪原本,5.宗宝本。本文从此说,分别介绍这五个版本的概况：

1.敦煌本。

敦煌本是现存最早的《坛经》版本，由于下署"兼受无相戒弘法弟子法海集记"，故而又称"法海本"。郭朋认为："比较起来，法海本《坛经》，基本上确可以说是惠能语录。敦煌写本是《坛经》版本中的主要系统之一，存世的敦煌写本共有六种：旅顺博物馆藏敦煌写经本残片（旅本）；敦煌斯坦因本（斯本）；北京图书馆藏敦煌写本（北本）；敦煌县博物馆本（敦博本）；方广锠发现北京图书馆藏敦煌写本残片（方本）；西夏文写本残片（西夏本）。

2.惠昕本。

惠昕本分上下两卷共十一门，约一万四千余字。该本大约改编于晚唐或宋初，胡适称之为"人间第二最古的《坛经》"，由于它最早发现于日本京都兴圣寺，又称"兴圣寺本"。兴圣寺的惠昕本题为《六祖坛经》，从前面的"依真小师邑州罗秀山惠进禅院沙门惠昕述"的署名可知此本的编者为晚唐（或说宋初）的惠昕和尚，并且他说明了在编纂时对《坛经》有所削删。

3.契嵩本。

全称《六祖大师法宝坛经曹溪原本》，约成书于宋仁宗至和三年（1056），一卷计十品，约两万余字，由宋代高僧契嵩改编。现存的是明代的本子，故也称"明藏本"或"曹溪原本"，从宋代工部侍郎郎简所作的《六祖坛经序》中的记载，我们知道这已经不是契嵩改编的那个本子了，为了指称明确，与其他的明藏本区别开来，我们仍约定俗成地称之为契嵩本。序中也介绍了这个本子是契嵩辛辛苦苦觅来的如实记载六祖大师言论的古本，后由工部侍郎郎简出资模印。

4.德异本和曹溪原本。

这两个本子基本上是源出于契嵩本，德异本题名为《六祖大师法宝坛经》，也是一卷十品，从序言中推断刊行于元至元二十七年（1290）。

其编撰缘起为：在元代末年，僧人德异声称自己发现了《坛经》古本并着手刊印。杨曾文说："从明代开始，被称为'曹溪古本'的，也就是德异本。而德异本，很可能就是契嵩本。"即德异从通上人处得到的"古本"，很有可能是真正的契嵩改编本，假如德异在改编时没再增删，那么这个德异本可能就是契嵩本。

5. 宗宝本。

宗宝本几乎是明代以后唯一的流行本，从内容上看，也是属于契嵩改编本这个系统，全本一卷十品，共计约两万多字。约成于元世祖至元二十八年（1291），为元代光孝寺僧人宗宝改编。宗宝将三种《坛经》版本合校，编订了一个新的版本，题名为《六祖大师法宝坛经》，编撰者宗宝在跋文中声明他对《坛经》错讹之处进行了改正，简略之处进行了增补，还明确提到附加了惠能与弟子的问答。根据校对可以看出，宗宝对《坛经》的改动主要在：首先，将古本中四个字的章节名称改为两个字；其次，将古本第一章分为两章，将第九章、第十章合并为一章，在有些章节内，也有部分移动、分割的现象。还有就是对正文有所增加和删减。这些改动当然引起了一些反对和批评，更由于它是明以后最流行的版本，具有不可取代的地位，故而引来的抨击更加强烈。但是我们认为由于宗宝所改编的本子具有品目齐整、语言流畅、通俗易懂、文学色彩浓、可读性强等优点而导致后来流行天下，这对《坛经》深入人心和社会推广都起到了莫大的功效，现在已经成为我们普遍认可的《坛经》版本了，本着尊重历史发展的态度，我们认为宗宝本的学术价值是巨大的。

比较这几个不同的《坛经》版本，我们可以看到，随着时间顺序的推近，《坛经》的字数不断在增加，从唐代的法海本有一万二千字左右到北宋的契嵩本和元代的宗宝本的二万以上的字数，时间越晚，字数越多，这说明了《坛经》在其发展流布中，被惠能门人和惠能后学不断添加增改，最终得以形成现在的面貌。这一点在惠昕和宗宝的序言中都有所交待，其实早在惠能去世后不久，就有修改或篡改《坛经》的现象出现。

我们认为历代的篡改这一史实是确凿无疑的,但是,惠能门人及惠能后学出于对禅宗发展的推动、对禅宗南宗地位提升的需要,对《坛经》进行的增改,在今天看来都是合乎情理的,是历史的必然。它们已经成为禅宗禅学不可缺少的有机组成部分,值得我们今天去学习和研究。

另外,关于《坛经》的注疏,历来很多。比较重要的有契嵩的《法宝坛经赞》、天柱的《注法宝坛经海水一滴》五卷、袁宏道的《法宝坛经节录》、李贽的《六祖法宝坛经解》、亘璇的《法宝坛经要解》、益淳的《法宝坛经肯窾》五卷、青峦的《法宝坛经讲义》一卷、丁福保的《六祖法宝坛经笺注》一册等。近年来流行的是中华书局 1983 年出版的郭朋的《坛经校释》。

五　《坛经》与中国文化

"《坛经》不仅是中国思想史上一个重要的转换期,同时也是佛教对现代思想界一个最具有影响力的活水源头,它代表了中国佛教一种特殊的本质所在,也表现了中国文化,或者说中国民族性中一份奇特的生命智慧"。确实,作为禅宗的宗经宝典的《坛经》对中国佛教乃至整个中国文化的发展和变化都产生了广泛和深远的影响。

从佛教发展内部而言,首先惠能在中国佛教史上引发了"六祖革命",而产生的禅宗经过发展和壮大,最终成为中国佛教的代表。其次,《坛经》的思想对中国佛教思想的内在理路和架构也影响重大,包括了把传统佛教的真如佛变为心性佛、把传统佛教的佛度师度变为注重自性自度、把传统佛教强调修禅静坐变为注重道由心悟、把传统佛教强调经教变为注重不立文字和把传统佛教强调出世间求解脱变为注重即世间求解脱。

《坛经》中强调在世间求解脱的主张引发了传统佛教的人间化、生活化,并将世间法和佛法相结合、相统一。太虚大师的"人间佛教"正是遥接了这一主导思想顺势而起的。"人间佛教"即主张做人即是作佛，世间法皆是佛法，这正是与《坛经》思想相契合的，也正是《坛经》思想对中国佛教的影响在近代的表现。

除此，《坛经》也对中国传统思想文化有着一定的影响。《坛经》是中国佛学儒学化的代表作，它的最大特点是把佛性心性化、人性化。将印度佛教的真如、佛性、法性、如来等原本具有抽象本体性质的真心转变为众生当下鲜活的现实人心，建立了一个以当前现实人心为基础的心性本体论体系。《坛经》的心性论思想表明了惠能禅宗强调本自清净的自心圆满具足，其最终落实点是在自我的心性上，《坛经》中的心性问题直接导引了宋明理学的开端，启发了宋明儒学心性本体论的建构，促使儒家学说在宋明时期的自我转化和自我突破，使得中国传统哲学出现一次重大转折。

在中国文化艺术方面，《坛经》的影响作用亦不可忽视。作为中国古代文化之冠冕的诗、书、画所以特别注重"意境"、"气韵"，其中一个重要原因，是深受佛教注重"顿悟"的思维方式的影响。诗与禅都重视内心体验，重视启示与象征，都追求言外之旨、象外之意。另外，从历史来看，自唐代禅宗确立之后，禅就在诗歌创作中，在士人的心灵生活中产生了巨大影响。

书法可以说是中国人从最高境界落实到人伦日用、从抽象思维回归到形象世界的最直接途径和第一手段之一。禅与书法的关系，有学者认为是一种体用关系：禅为书之体，是书法的创作源泉；书为禅之用，是禅的最恰当的表现方式之一，二者的关系非常紧密。其实禅对书法艺术的影响是多方面、多向度的，有禅僧兼书者，有书家习禅者；有艺术流派对禅宗形式上的借用和模仿，也有在书法创作品评上，与禅的审美意境和审美追求内在同构和互通，更有将禅定之意作为书家确立的书法创作心态和创作要旨。

禅宗哲学思想和思维方式也对中国绘画的创作和审美产生了深刻

的影响。中国古代的画家常运用这样禅意的思维方式于绘画创作。另外，就绘画史而言，自唐代始，即有王维开创的文化画，王维本人潜心向佛并进一步以佛理禅趣入画，开创了中国禅意画之先河。到了明代，禅对中国绘画史产生了形式上最直接的影响，其结果就是董其昌南北宗论的提出，他倡导了中国历史上第一个绘画流派说。这一明显受禅宗南北宗之划分的影响而产生的理论，为中国书画的发展提供了新的理论基础，在以后产生了深远的影响。

　　佛教是一个注重形象宣传和教化功能的宗教，自汉代传入中土以来，为了进一步弘扬佛法，传播教义，与中国的文化艺术相结合，共同创生了宏大绚烂的佛教艺术文化。这一创造过程同时也是对中国文化艺术进行渗透、影响和改变的过程。

　　本书的修订得到了白光博士的襄助，在此谨致谢忱！

尚荣于南京大学

二〇一二年十二月

行由品第一

【题解】

　　本品记叙了惠能大师在岭南韶州曹溪山宝林寺住持修行时,应韶州刺史韦璩等官僚之邀于大梵寺为众生讲述自己的生平及得法因缘,所以又称"悟法传衣"、"自序品"。本品通过惠能自述闻经得悟、黄梅参拜五祖、腰石踏碓、秀能比偈、五祖评偈、惠能得衣、惠明追趁、隐遁怀会、风幡之议等事由,在一定程度上揭示了南宗禅法的主旨、传承与《金刚经》及"东山法门"的历史渊源。其通过"人虽有南北,佛性本无南北,獦獠身与和尚不同,佛性有何差别",宣扬了南宗禅门的佛性理论,即"一切众生,悉有佛性"。记载了五祖弘忍欲传衣钵,命众人作偈,惠能因一首"菩提本无树,明镜亦非台。本来无一物,何处惹尘埃"的偈颂将其佛性论思想融入般若智慧之中,深契了五祖心意,从而三更受法,得传衣钵。五祖亲送渡江,惠能又进一步提出了"迷时师度,悟了自度",在重视般若自性的基础上追求自度的修行主张。这些方面都揭示了南宗禅法扫相破执、直指心源、不落阶级、顿悟成佛的特质。接着惠能遵循五祖"不宜速说"的付嘱,隐于猎人队中凡一十五载。后于广州法性寺因"风幡之议"而为世人瞩目,从此开坛说法,重将东山法门弘化一方。

时①，大师至宝林②，韶州韦刺史与官僚入山③，请师出。于城中大梵寺讲堂④，为众开缘说法⑤。

师升座次⑥，刺史官僚三十余人，儒宗学士三十余人⑦，僧尼、道俗一千余人⑧，同时作礼，愿闻法要⑨。

大师告众曰："善知识⑩，菩提自性⑪，本来清净，但用此心，直了成佛⑫。善知识！且听惠能行由得法事意。

"惠能严父⑬，本贯范阳⑭，左降流于岭南⑮，作新州百姓⑯。此身不幸，父又早亡，老母孤遗⑰，移来南海⑱，艰辛贫乏，于市卖柴。时有一客买柴，使令送至客店，客收去，惠能得钱，却出门外⑲，见一客诵经⑳，惠能一闻经语，心即开悟㉑。遂问客诵何经，客曰《金刚经》㉒。复问从何所来，持此经典。客云，我从蕲州黄梅县东禅寺来㉓。其寺是五祖忍大师在彼主化㉔，门人一千有余。我到彼中礼拜，听受此经。大师常劝僧俗，但持《金刚经》，即自见性㉕，直了成佛。惠能闻说，宿昔有缘㉖，乃蒙一客，取银十两与惠能，令充老母衣粮，教便往黄梅，参礼五祖。"

【注释】

①时：佛教经典中一开始往往有简略的序，介绍佛说法的时间、地点、人物等，"时"即表示说法的时间，并非确指。《坛经》依照佛家典籍的格式，以"时"表明六祖惠能说法的时间，从而透露了《坛经》佛典化的过程。

②宝林：即宝林寺，位于广东曲江南三十五公里曹溪山，今称"南华寺"、"南华古寺"、"南华禅寺"。据《曹溪大师传》等记载，宝林寺乃南朝梁时由天竺僧智药三藏于天监元年（502）建立。唐高宗

仪凤年间(676—678)，惠能开始在这里住持弘法，学徒云集，法道大振，今于寺中六祖殿存有惠能肉身像。

③韶州：地名。隋朝置州，不久被废弃，唐朝复置，元为路，明改府，属广东，清朝因袭之。曲江县是其治所。刺史：官名。汉代设置。隋时改"刺史"为"太守"。宋时刺史与太守已无区别。清时用作"知州"的别称。这里的刺史指韶州刺史韦璩，或作"韦据"，生平不详。山：即曹溪山。

④大梵寺：位于广东曲江。《广东通志》记载：韶州府曲江县，报恩光孝寺，在河西。唐开元二年，僧宗锡建，名开元寺，又更名大梵寺，为刺史韦璩请六祖说《坛经》处。宋崇宁三年，诏诸州建崇宁寺，政和中改天宁寺。绍兴三年，专奉徽宗香火，赐额曰报恩光孝寺。据此可知，此寺为僧宗锡建于唐玄宗开元二年(714)，而惠能于开元元年(713)入灭，所以《坛经》中出现"大梵寺"之名当是惠能弟子结集其说所致。讲堂：即讲经说法的堂舍。

⑤开缘说法：讲说佛教教义以开导众人。

⑥升座：在说法的座位上落座。

⑦儒宗：唐朝是儒佛道三教均有巨大发展的时代，这里的"儒宗"与下文的"道俗"之"道"，可谓是与佛教并驾齐驱的其他二教。

⑧一千余人：在法海集记系《坛经》中为"一万余人"。

⑨法要：即简约而枢要之法义，其为法中之心，又称"心要"；其通贯诸法，又称"法门"。值得注意的是，下文紧接着所记载惠能所说的"菩提自性，本来清净，但用此心，直了成佛"十六字法要，却是在长期的《坛经》演变中逐渐定型下来的。在早期的说法是"(a)说摩诃般若波罗蜜法受无相戒"(法海集记系)，后来则将在说法受戒的基础上指明其宗旨为"(a1)说顿教法，直了见性无碍(或作'疑')，普告僧俗令言下各悟本心，现成佛道"以及"(a2)菩提自性，本来清净，但用此心，直了成佛"(惠昕所述系)，至北宋契

嵩时则将(a1)内容予以删除,在一定程度上实现了去繁取精的
效果(契嵩校勘系),但由元代僧人宗宝所编的《坛经》则又将(a)
内容一并删除而只有(a2)内容,这便是今天我们看到的样子。
宗宝本在民间尤其是东南一带流行甚广,直至明清之际才有王
起隆等人对之提出异议。

⑩善知识:《涅槃经》云:"能教众生远离十恶,修行十善,谓之善知
识。"一般指正直有德、导人正道,教众生远离恶法修行善法的
人。上至佛、菩萨,下至人、天,不论以何种姿态出现,凡能引导
众生舍恶修善、入于佛道者,均可称为"善知识"。相应地,教导
邪道之人称为"恶知识"。善知识可以用来称呼出家的僧人,也
可以用来泛称未出家的人。

⑪菩提自性:菩提为梵文 Bodhi 的音译,意译旧译为"道",新译为
"觉"、"智"等。道者通义,觉者觉悟之义。一般而言,菩提即为
能断绝世间烦恼而达到涅槃解脱的智慧之路。菩提为佛教的根
本理念之一。佛教经典有很大比重的内容即在说明菩提之要义
及证取菩提的实践修行方法。佛教徒的礼拜对象佛陀即为获得
菩提的觉者。值得注意的是,《坛经》特别将"菩提"与"自性"联
接在一起,强调佛陀所获得的菩提智慧实际也是众生自身内心
之性,职是之故,《坛经》中的"自性"即"菩提"的别称。

⑫但用此心,直了成佛:禅宗认为人心先天就蕴涵着佛教的根本道
理,是本来具足佛的一切功德,只要如实地运用此心,将其本来
面目呈现出来,就是直接成就佛道。

⑬严父:父严母慈,故称父为"严父"。另外,严有尊重之义,故严父
有尊其父之谓,《孝经》云:"严父莫大乎配天。"在法海集记系《坛
经》中为"慈父"。在佛教经典中,"慈父"常用来指称佛陀。

⑭范阳:地名。唐代置郡,今天的北京大兴宛平一带。

⑮左降:古以右为尊,左降即左迁或降职。流:即流放,为古代五刑

之一，五刑为笞、杖、徒、流、死。岭南：指五岭以南的广大地区，约是今天广东一带。

⑯新州：今广东新兴。

⑰父又早亡，老母孤遗：一般均作如是说而有小异耳，仅《曹溪大师传》记其"少失父母，三岁而孤"。

⑱南海：今属广东佛山一带。

⑲却：即退却。

⑳诵经：指诵读佛教经典，此为佛教平常提倡的诸种功德之一。

㉑开悟：开启了人心本有的佛教智慧，觉悟了佛教根本的教义教理。

㉒《金刚经》：佛教经典之一，即《大般若经》第577卷。此经先后有六译，互有详略，最流行者则是由后秦鸠摩罗什译出《金刚般若波罗蜜经》一卷。其卷末之四句偈文："一切有为法，如梦幻泡影，如露亦如电，应作如是观。"常被称为一经之精髓，意为世界上一切事物都是空幻不实，认为应"远离一切诸相"而"无所住"，即对现实世界不执着、不留恋。由于此经以空慧为体，说一切法无我之理，篇幅适中，不过于浩瀚，也不失之简略，故历来弘传甚盛，对禅宗尤其是惠能南宗的形成和建立影响深远。据资料记载，中土禅学发展至道信及其弟子弘忍时已经开始比较重视运用佛教般若系经典（如《文殊说般若经》）作为禅法修行的指导，并引用《金刚经》中"凡所有相，皆是虚妄"之说来与以系念外在他佛为业的净土宗展开理论斗争。从《坛经》下文弘忍对《金刚经》这一文句的引用以及将《金刚经》作为传法过程的一个要素来看，《金刚经》当在弘忍至惠能之时对禅宗的发展起到更为具体的作用，乃至相传惠能有《金刚经解义》和《金刚经口诀》流行于世，以及将惠能南宗作为禅宗正统在北方传播的惠能弟子神会特别强调说《金刚经》乃是从菩提达摩至惠能就是作为传法经

典辗转相传的,而神会本人还引用《金刚经》的"应无所住而生其心"对惠能的禅法进行诠释。

㉓蕲(qí)州黄梅县东禅寺:蕲州指今天的湖北蕲春,《大清一统志》云:"蕲州在黄州府东一百八十里。"黄梅县是今湖北黄梅西北地区。东禅寺位于湖北黄梅西南。《湖广通志》记载:"黄州府黄梅县,东禅寺在黄梅县西南一里。"东禅寺又称"莲华寺"、"东渐寺"。为禅宗五祖弘忍之道场,当时门下僧众达七百余人。五祖于该寺半夜密传衣钵于六祖惠能。据《名胜志》记载,寺内尚存六祖当年之簸糠池、坠腰石等遗迹。

㉔五祖忍大师:即中国禅宗第五祖弘忍。弘忍(602—675),唐代僧人,湖北黄梅人,俗姓周。七岁从四祖道信出家,得其心传。道信入寂后继承师席,在黄梅双峰山的东面冯茂山建东山寺,弘忍发扬禅风,以悟彻心性之本源为旨,守心为参学之要。时称其禅学为"东山法门"。唐高宗上元二年(675)示寂(即于传法后四年),世寿七十四。敕谥"大满禅师"。弘忍门下甚众,著名弟子有神秀、惠能等。弘忍将禅贯彻到日常生活,认为行住坐卧都是成佛的行为和活动,这一点对惠能以及《坛经》的思想影响很大。主化:即主持教化。

㉕见性:即指彻见自心之菩提自性,是成佛的禅家说法。

㉖宿昔有缘:前世结下的缘分。

【译文】

当时,惠能大师来到广东南华山宝林寺,韶州刺史韦璩与他的僚属们一道进山,请惠能大师到位于城中的大梵寺讲堂为大众演说佛法大义。

大师于说法的座位上落座,刺史及官员们三十多人,儒学学士三十多人,出家比丘、比丘尼及在家信众一千多人,都来参加盛会,大家一齐向大师行礼致敬,希望聆听大师演说佛法的精要。

大师告诉众人说:"善知识们,人心先天具有成佛的觉悟本性,本来清净没有污染,只要用这个清净的本心,就可以直接开悟成佛。各位善知识们,请先听听我讲述我求法得道的因缘和经历!

"我惠能的父亲,原籍范阳,后来因事遭贬被流放到岭南地区,从而成为新州的普通百姓。惠能自幼不幸,父亲很早离开人世,留下我们孤儿寡母相依为命,后来又迁移到南海这地方,由于家境贫寒,惠能只得每日进山打柴,担到集市卖掉,以此维持生计,勉强度日。有一天,有一位客人买了惠能的柴,并让送至客房,送达后,客人收了柴,惠能得到钱,刚走到门外,就见到一位客人正在诵读佛经,惠能一听客人所诵的经文,心中立刻顿然开悟。就请教这位客人所诵的是什么经典,客人告之是《金刚经》。惠能又问客人从什么地方来,如何获得这部经典?客人说,我从蕲州黄梅县东禅寺来,五祖弘忍大师在那里主持并弘扬佛法教化众生,门下弟子达一千多人。我到东禅寺拜谒五祖弘忍大师,并听闻领授了这部佛经。弘忍大师常常劝诫僧人和在俗的人,指示只要依《金刚经》所讲的修行,就能自己识见自心佛性,直接了悟成佛。惠能听了客人的这番话,觉得自己与佛法宿世有缘,正好承蒙一位客人取了十两银子给他,嘱咐他用来安顿老母,充当其衣食生活之所需,然后去黄梅县东禅寺,参拜五祖大师。"

惠能安置母毕,即便辞违,不经三十余日[①],便至黄梅,礼拜五祖。

祖问曰:"汝何方人,欲求何物?"

惠能对曰:"弟子是岭南新州百姓,远来礼师,惟求作佛[②],不求余物。"

祖言:"汝是岭南人,又是獦獠[③],若为堪作佛[④]?"

惠能曰:"人虽有南北,佛性本无南北[⑤],獦獠身与和尚不同⑥，佛性有何差别？"五祖更欲与语，且见徒众总在左右，乃令随众作务⑦。

惠能曰："惠能启和尚⑧，弟子自心常生智慧⑨，不离自性，即是福田⑩。未审和尚教作何务⑪？"

祖云："这獦獠根性大利⑫，汝更勿言，著槽厂去⑬。"

惠能退至后院，有一行者⑭，差惠能破柴踏碓⑮。

经八月余，祖一日忽见惠能，曰："吾思汝之见可用，恐有恶人害汝，遂不与汝言，汝知之否？"

惠能曰："弟子亦知师意，不敢行至堂前⑯，令人不觉。"

【注释】

①不经三十余日：法海集记系《坛经》没有这种说法，惠昕所述系《坛经》有的作"不经三二十日"。

②作佛：即成佛。《法华经·譬喻品》曰："具足菩萨所行之道，当得作佛。"断妄惑、开真觉，根除无明烦恼，开启真实觉悟。

③獦獠：一般认为这是对当时生活在南方以行猎为生的少数民族的称呼，带有一定的轻蔑之意，意指未开化、无知识的蛮夷。在现存惠昕所述系《坛经》中，有些版本写为"猎獠"，加之自惠昕所述系《坛经》便开始加入关于惠能隐居南方期间"与猎人说法"的事情，故《坛经》中的"獦獠"的基本意义当与行猎有关。又因为中国佛教自梁武帝以来便开始以"不食肉"为戒律，职是之故，以猎杀生命为特征的獦獠惠能自然可以与断除善根的"一阐提人"相类比，从而有五祖初见惠能时的问责。

④若为：口语表达，意思为"如何能够"。

⑤佛性：其本义即为佛陀之体性。在早期佛教看来，只有释迦牟尼才能成佛，所以佛性的外延很狭小。随着部派佛教尤其是大乘

佛教的兴起,佛性逐渐发展成为成佛的可能性、因性,乃至成为万法的本性,又称"法性"、"真如"、"如来藏",具有本体的意味。其中如来藏即意为如来在胎藏中。如来藏思想传入中国后深得中国僧人的欢迎,与此同时,中国佛教界还力图将般若性空与如来藏妙有思想相融汇,而禅宗便是这一长期努力的结晶之一。所以,《坛经》中的"佛性"不仅具有传统佛教的成佛因性等含义,还特别具有智慧性、觉性之意义。

⑥和尚:指德高望重之出家人,又作"和上"。意译"亲教师"、"力生"、"近诵"、"依学"、"大众之师"。和尚为受戒者之师表,故华严、天台、净土等宗皆称为"戒和尚"。后世沿用为弟子对师父之尊称。

⑦随众作务:随同大家一起劳动、做活。

⑧启:即启禀。

⑨智慧:明白一切事相叫做"智";了解一切事理叫做"慧"。决断曰"智",简择曰"慧"。俗谛曰"智",真谛曰"慧"。《大乘义章九》曰:"照见名智,解了称慧,此二各别。知世谛者,名之为智,照第一义者,说以为慧,通则义齐。"

⑩不离自性,即是福田:指认识自我的本心就像在福田播种,其收获的成果就是成就佛道,并不需要通过随众作务这样的苦修来达成。自性,指自体之本性。诸法各自具有真实不变、清纯无杂的特质,称为"自性"。福田,指人们做善事犹如在大地里播种庄稼而有收获一样,能够得到福报。这里是以田为喻,故名"福田"。"田以生长为义,农夫播种于田亩,必有秋收之利。人若行善,能得福慧之报。"《无量寿经净影疏》云:"生世福善,如田生物,故云福田。"佛教中认为凡敬侍佛、僧、父母、悲苦者,即可得福德、功德。

⑪未审:即不知。

⑫根性大利：根为能生之义，人性具有生善业或恶业之力，故称"根性"。大利，大好，非常好。这里指惠能禀赋极高。

⑬槽厂：马房、马棚，指养马的地方，喻指僧房，是禅家的说法。

⑭行者：又称"行人"、"修行人"，泛指一般佛道之修行者，是修行佛法的通称。也指居住佛寺但留着头发修行的人。《释氏要览》卷上云指未剃度而在丛林内服诸劳役的带发修行者，即未出家而住于寺内帮忙杂务者。有剃发者，亦有未剃发而携家带眷者。

⑮差：即差遣、差使。破柴踏碓：破柴，即劈破木柴以供生火之用。法海集记系《坛经》中没有，自惠昕所述系《坛经》中方有之。踏碓，即古代社会中人们为稻谷去皮的活动。从《坛经》上下行文来看，破柴踏碓带有承上启下的意义，上与卖柴维持生计相承，下则启开腰石舂米及五祖来访诸事，从整体上展现了惠能朴素而实修的禅法精神。

⑯堂前：佛殿称为"佛堂"，参禅的地方称为"禅堂"，禅师说法的地方称为"法堂"，这里可能是指五祖弘忍平日说法的地方。

【译文】

惠能安置好老母亲后，便辞别老母北上奔赴黄梅。不到三十天的时间，惠能便抵达了黄梅，见到了五祖弘忍大师并向他致礼参拜。

五祖问道："你是哪里人，到我这里想求得什么？"

惠能答对道："弟子我是岭南新州的一名普通老百姓，远道而来，礼拜师父，只想觉悟成佛，别无他求。"

五祖大师说："你是岭南人，又是未开化的獦獠，怎么能成佛呢？"

惠能说："虽然人有南方和北方的地区差别，但人的佛性却没有南方和北方的不同。我这个獦獠之身虽然和大师不一样，但我们都具有的成佛本性却有什么不同呢？"五祖还想和惠能继续交谈下去，因为看到众多弟子围在左右，便让惠能和大家一起先去干活。

惠能说："惠能禀告大师，弟子内心常生出智慧之念，认为不离自我本性便是成就福田,不知道大师还要让我干什么?"

五祖说:"想不到你这獦獠根基很不错,禀赋很高! 你不必多说了,先到后院马棚里干活去吧。"

惠能退下来到后院,有一个行者,分派惠能干劈柴舂米的活。

如此,惠能一连干了八个多月,一天,五祖突然看到惠能,便说:"我考虑到你的见解是很可用的,恐怕有坏人嫉妒而要加害于你,所以那天没有与你深谈,你明白我的用意吗?"

惠能说:"弟子也知道师父的用心,所以从来不敢到前堂大殿上去,以免被别人察觉。"

祖一日唤诸门人总来:"吾向汝说,世人生死事大,汝等终日只求福田,不求出离生死苦海①。自性若迷,福何可救? 汝等各去,自看智慧,取自本心般若之性②,各作一偈③,来呈吾看,若悟大意,付汝衣法④,为第六代祖。火急速去,不得迟滞。思量即不中用⑤,见性之人,言下须见。若如此者,轮刀上阵,亦得见之⑥。"

众得处分,退而递相谓曰:"我等众人,不须澄心用意作偈⑦,将呈和尚,有何所益? 神秀上座⑧,现为教授师⑨,必是他得;我辈谩作偈颂,枉用心力。"余人闻语,总皆息心,咸言:"我等已后依止秀师⑩,何烦作偈。"

神秀思惟⑪:诸人不呈偈者,为我与他为教授师,我须作偈,将呈和尚。若不呈偈,和尚如何知我心中见解深浅。我呈偈意,求法即善,觅祖即恶,却同凡心夺其圣位奚别? 若不呈偈,终不得法,大难大难。

五祖堂前,有步廊三间,拟请供奉卢珍画《楞伽经变相》

及《五祖血脉图》⑫，流传供养⑬。神秀作偈成已，数度欲呈，行至堂前，心中恍惚，遍身汗流，拟呈不得。前后经四日，一十三度，呈偈不得。

秀乃思惟：不如向廊下书著，从他和尚看见，忽若道好，即出礼拜，云是秀作。若道不堪，枉向山中数年，受人礼拜，更修何道？

是夜三更⑭，不使人知，自执灯，书偈于南廊壁间，呈心所见。偈曰：

身是菩提树⑮，心如明镜台⑯。

时时勤拂拭，勿使惹尘埃⑰。

秀书偈了，便却归房，人总不知。秀复思惟：五祖明日见偈欢喜，即我与法有缘，若言不堪，自是我迷，宿业障重⑱，不合得法，圣意难测⑲。房中思想，坐卧不安，直至五更。

【注释】

①生死苦海：指各种苦难的世界，亦即生死轮回之三界六道。众生沉沦于三界六道之苦恼中，渺茫无际，犹如沉没于大海难以出离，故以广大无边的海来比喻。

②般若：梵文 Prajnā，"般若"为其音译，又作"波若"、"般罗若"、"钵刺若"，意译为"慧"、"智慧"，指明见一切事物及道理的高深智慧，唯佛具之成之，故中国古代的僧人常将之称为"圣智"。

③偈(jì)：梵文 Gāthā，意译为"颂"。颂者，美歌也。泛指一种略似于诗的有韵文辞，不问三言四言乃至多言，通常四句一偈。通用于佛教经律论。

④衣法：指衣与法。衣，指出家人的袈裟。法，指佛教所传的正法。将衣与法二者相结合作为佛教传承，认为内传心法以心证心、外传袈裟表正法所在，这种做法源自释迦牟尼佛将一领袈裟留在鸡足山以待印证弥勒未来成佛的传说。就中国禅宗尤其是惠能南宗而言，惠能弟子神会特别强调中土初祖菩提达摩传承的袈裟信衣就在惠能那里，所以只有惠能才是中土唯一的六祖，只有惠能禅才是佛法的正统。

⑤思量即不中用：思量，即思虑度量事理的意思，其特点在于明析认识中的能所结构，而在这种结构中展开对对象本身的认知并试图将这种认知等同于对象本身。禅宗认为这种做法是心之执着的表现，并不是心之本真，所以禅宗认为若要明白本心，通过思考分析是没有用的，是不能达到的。

⑥"若如此者"三句：法海集记系《坛经》中没有此句，惠昕所述系《坛经》中比较早的版本记为"若抡刀上阵一般"，后来渐渐成为"若如此者，轮刀上阵，亦得见之"，至契嵩校勘系《坛经》中则在其后加了这样的注释："古德云：譬如轮刀上阵，不问如何若何。次喻得底人见机而作，不在言句也。"再到宗宝改编系《坛经》中则将这一注释进行简化为"喻利根者见机而作"。不过，明末清初王起隆重刻的契嵩系《坛经》和民国时期金陵刻经处所重刻的德清重校系《坛经》，则又将相关的注释予以删除。

⑦澄心：使心绪澄静平定，集中凝虑，是"作偈"的初期准备。法海集记系《坛经》及部分惠昕所述系《坛经》作"呈心"，意思与"用意"相同，是"作偈"的过程状态。

⑧神秀上座（605—706）：唐代禅僧，五祖弘忍弟子之一。俗姓李。身长八尺，龙眉秀目，有巍巍威德，少览经史，博学多闻。至蕲州双峰东山寺，参谒五祖求道。弘忍深为器重，令为教授师，因居五祖门中第一位，有神秀上座之名。弘忍示寂后，神秀师迁江陵

当阳山传法,道誉大扬。禅门中将之与惠能称为"南能北秀"。
禅宗北宗,与南宗的"顿悟"说不同,其教法力主渐悟之说,故而
禅史有"南顿北渐"之称。神龙二年(706),神秀示寂,寿一百零
二岁,敕号"大通禅师",为禅门谥号最早者。上座,指寺院僧职
的名称。唐以前上座是寺院之首,唐以后上座为禅宗寺院住持
之下的职位。

⑨教授师:是专门负责教授弟子威仪、作法的轨范师,专门给受具
足戒的僧人教授有关行住坐卧等威仪的作法。

⑩依止:即依存而止住的意思。依赖于有力、有德者之处而不离,
亦称为"依止"。

⑪思惟:即思考推度。思考真实的道理,称为"正思惟",系"八正
道"之一;反之,则称"邪思惟"(不正思惟),乃"八邪"之一。

⑫供奉:官名。指被朝廷或皇家聘用的官员,多为擅长文学、美术
等各种技艺的人。《楞伽经变相》:《楞伽经》为佛教经典。全名
《楞伽阿跋多罗宝经》或《入楞伽经》,四卷本,南朝刘宋求那跋陀
罗译,收于《大正藏》第十六册。楞伽,山名。阿跋多罗,"入"之
意思。意谓佛陀入此山所说之宝经,本经宣说世界万有皆由心
所造,人认识的对象不在外界而在内心。《楞伽经》对中国禅宗
的影响颇大。据道宣《续高僧传》等资料记载,以菩提达摩为代
表的中土早期禅派就是以四卷《楞伽经》的传承传授为特征的。
变相,指依经典之记载,描绘佛的本生故事,或净土庄严、地狱相
状等图画,用以宣传教义。又作"变像"、"变绘",略称"变"。变,
乃变动、转变之意,即将种种真实之动态,以图画或雕刻加以
描绘。

⑬供养:奉养的意思,对上含有亲近、奉事、尊敬的意思,对下含有
同情、怜惜、爱护的意思。又作"供"、"供施"、"供给"、"打供",意
指供食物、衣服等予"佛法僧"三宝、师长、父母、亡者等。供养初

以身体行为为主,后亦包含纯粹的精神供养,故有身分供养、心
分供养之分。

⑭三更:又称"三鼓",是古代时间名词。古代把晚上戌时(晚上7
点至9点)作为一更;以此类推,亥时作为二更,子时作为三更,
丑时为四更,寅时为五更。三更正是晚上11点至1点,故常用三
更来指深夜。下文提到的五更,即早晨3点至5点,这正是天刚
蒙蒙亮的时候。

⑮菩提树:原名"毕钵罗树"。"毕钵罗"为梵文Pippala的音译。此
树冬夏常绿,高可几十米,叶如心形,花隐于花托之中,子呈圆
形,产于东印度,是一般所称的菩提子。佛教传说释迦牟尼佛即
是在毕钵罗树下获得无上菩提智慧的,所以此树又称为"菩提
树"。

⑯明镜台:古人梳妆之镜为铜质,镜有鉴照之用,其台则有依托
之功。不过,"明镜台"在"心如明镜台"中出现,显然不能被
理解为"明镜"与"台",当取汉语中的偏正用法,或作"明镜"
解,或作"明镜之台"解。从现有资料来看,惠能之后的唐代禅
师如宗密者便明确认为可做"心如净明镜"解。不过,从《坛
经》版本的演变来看,这一做法并没有被历代校勘者所汲取,
所以有人认为"明镜台"和"菩提树"一样,"明镜"与"菩提"同
指最高智慧,而"台"和"树"则指这种智慧赖以生发实现的人
之"心""身"。

⑰勿使惹尘埃:法海集记系《坛经》作"莫使有尘埃",惠昕所述系
《坛经》作"莫使染尘埃"。

⑱宿业障重:又称"宿作业"。佛教说宿业是指过去世所造的善恶
业因。障,指烦恼,烦恼能障碍圣道,故名"障"。"宿业障重"即
指过去世所作的恶业烦恼深重,影响人认识本心。

⑲圣意:这里指弘忍的心意。

【译文】

一天,弘忍大师召集所有的弟子,说:"世人如何解脱生死是很重要的问题,你们整天只知持戒修善追求人天福报,而不知修慧,脱离生死苦海。你们自我本有的佛性如果迷失了,做功德、求福田又哪里能救你们脱离苦海呢? 你们各自回去,运用自己的智慧观照本心自性,各自做一首体认佛法的偈来送给我看。如果有谁能明白佛法大意,我就传给他衣钵和教法,他将成为第六代祖师。你们赶快回去做,不得迟缓拖延。费心思考分析是没有用的,因为能体认自我本心、识见真如佛性的人,只言片语就能显现出。像这样的人,即使在战场上将刀挥得如轮子飞舞似的刹那瞬息之间,也能见悟得悟。"

众人听了吩咐后,退回来相互议论道:"我们这样的人,没必要静心思索花费心力来作偈,呈给大师看了,有什么用处? 神秀上座现在是教授师,第六代祖师之位一定是他的;我们这些人冒昧轻易地作偈实在是白白浪费精力。"大家听了这话,都打消了作偈的念头,都说:"我们以后追随着神秀禅师就行了,何必费心作偈呢?"

神秀心中思虑:大家都不作偈呈交大师,是因为我是他们的教授师,我则必须作一首偈呈交师父。如果不作偈呈交,五祖大师怎么知道我对佛法的见地是深还是浅。我作偈呈交五祖,如果是为了求法,那就是好的,如果是为了获取六祖的位子,那就不对,同凡夫俗子的费尽心机去谋求圣位有什么差别呢? 但如果不作偈呈交,终究不能得法,真是太难了,太难了!

五祖大师的堂前有三间走廊,本来准备请供奉卢珍在这里画《楞枷经变相》和《五祖血脉图》,用来永久流传、受人供养的。神秀作好偈以后,好几次想呈送给五祖,一走到大堂前,就紧张得心中恍惚,全身流汗,想呈交偈子总不成功。前前后后过了四天,共十三次想呈送,都始终没有勇气交上去。

神秀心中又想:不如我把所作的偈写到堂前走廊里,任由五祖大师看到，如果猛地称赞这个偈好，我就出来向五祖大师致敬行礼，说明这是我神秀作的。如果五祖大师说这个偈实在不行，那就算我白白在山中修行这么多年，枉受大家礼敬，还再修什么道呢？

　　当天夜里三更时分，神秀不让别人知道，悄悄地自己持着灯烛，将作好的偈子写在南廊的墙壁上，表明了他对佛法的体认。偈是这样说的：

　　　　身是菩提树，心如明镜台。

　　　　时时勤拂拭，勿使惹尘埃。

　　神秀写完偈，便回到自己的房中，全寺上下都不知道这件事。神秀又想：明天五祖看到偈后，如果心生欢喜就说明我与佛法有缘。如果说实在不行，那就是我自心仍迷，前世罪业太过深重，不该得到佛法，五祖的圣意真是难以预料。神秀在房中思考，坐卧不安，一直折腾到五更时分。

　　祖已知神秀入门未得，不见自性。天明，祖唤卢供奉来，向南廊壁间绘画图相，忽见其偈。报言："供奉却不用画，劳尔远来①。经云：凡所有相，皆是虚妄②。但留此偈，与人诵持。依此偈修，免堕恶道③。依此偈修，有大利益。"令门人炷香礼敬④，尽诵此偈，即得见性⑤。

　　门人诵偈，皆叹善哉⑥。

　　祖三更唤秀入堂，问曰："偈是汝作否⑦？"

　　秀言："实是秀作，不敢妄求祖位。望和尚慈悲⑧，看弟子有少智慧否？"

　　祖曰："汝作此偈，未见本性，只到门外，未入门内⑨。如此见解，觅无上菩提⑩，了不可得。无上菩提，须得言下识自本心，见自本性。不生不灭⑪，于一切时中⑫，念念自见⑬，万法无滞，一真一切真，万境自如如⑭。如如之心，即是真实⑮。若如是见，即是无上菩提之自性也。汝且去一两日思惟，更作一偈，将来吾看汝偈，若入得门⑯，付汝衣法。"

神秀作礼而出，又经数日，作偈不成，心中恍惚，神思不安，犹如梦中，行坐不乐。

复两日，有一童子⑰，于碓坊过⑱，唱诵其偈。惠能一闻，便知此偈未见本性。虽未蒙教授，早识大意。遂问童子曰："诵者何偈？"

童子曰："尔这獦獠不知。大师言：'世人生死事大。'欲得传付衣法，令门人作偈来看。若悟大意，即付衣法，为第六祖。神秀上座，于南廊壁上，书无相偈，大师令人皆诵，依此偈修，免堕恶道。依此偈修，有大利益⑲。"

惠能曰："上人，我此踏碓，八个余月，未曾行到堂前，望上人引至偈前礼拜⑳。"

童子引至偈前礼拜。惠能曰："惠能不识字㉑，请上人为读。"

时有江州别驾㉒，姓张，名日用，便高声读。惠能闻已，遂言："亦有一偈，望别驾为书。"

别驾言："汝亦作偈，其事希有。"

【注释】

①"供奉"二句：法海集记系《坛经》作："弘忍与供奉钱三十千，深劳远来，不画变相也。"惠昕所述系《坛经》多作："供奉却不画也，辄奉十千劳供奉远来。"

②凡所有相，皆是虚妄：出自《金刚经》，意为世界上一切现象都是

虚幻不实的。相，指能为人们所感觉到的一切有形体的事物和现象。虚，即无实。妄，是不真。虚妄即虚假、非真实的意思。

③恶道：为"善道"的对称，与"恶趣"同义，即指生前造作恶业，而在死后所去往的苦恶处所，主要指地狱。在"六道"之中，一般以地狱、饿鬼、畜生三者称为"三恶道"，阿修罗、人间、天上则称为"三善道"。

④炷香：即烧香、燃香。礼敬：又作"敬礼"，即礼拜恭敬的意思。

⑤尽诵此偈，即得见性：法海集记系《坛经》作："汝等尽诵此偈者，方得见性，依此修行，即不堕落。"惠昕所述系《坛经》多作："汝等尽须诵取（此），悟此偈者，即得见性，依此修行，必不堕落。"尤其值得注意的是，针对同样的偈语，五祖一方面通过它认为神秀"不见自性"，一方面又通过它劝导大家诵之悟之而"见性"，自此我们大约可认为禅宗所谓的"见性"与否并不在言句本身，而在于写之读之诵之用之悟之的人自己。

⑥善哉：称赞之辞，为契合我意的称叹之语。古印度在开会议决之际，表示赞成时皆用此语；又释尊或其他诸佛在赞同其弟子的意见时，也发此语。

⑦偈是汝作否：法海集记系《坛经》作："是汝偈否？若是汝作，应得我法。"惠昕所述系《坛经》作："是汝作此偈否？若是汝作，应得吾（或'悟'）法。"契嵩校勘系《坛经》则将"若是汝作，应得我法"这一与前文神秀所思维的"从他和尚看见，忽若道好，即出礼拜，云是秀作"等相应的内容删去了。

⑧慈悲：与乐曰慈，慈爱众生并给予快乐；拔苦曰悲，同感其苦，怜悯众生并拔除其苦。二者合称为"慈悲"。佛陀之悲就是以众生苦为己苦的同心同感状态，故称"同体大悲"；又因其悲心广大无尽，故称"无盖大悲"。

⑨未入门内：其他早期《坛经》版本在此句后尚有"凡夫依此修行即

不堕落”一句,是说神秀的偈颂并非一无是处,带有鼓励劝进之
意。此句一经脱落,前后文句便成了对神秀的直接批评。

⑩无上菩提:指至高无上的觉悟。菩提有三等,佛、缘觉、声闻,各
于其果所得的觉智,称为“菩提”。此中佛所得的菩提,无有过之
者,为无上究竟,故称“无上菩提”。

⑪不生不灭:生灭,指生起与灭尽,与“生死”同义。离因缘而永久
不变的常住存在为无为法,无生无灭、不生不灭。依因缘和合而
有,叫做“生”;依因缘分散而无,叫做“灭”。有生有灭,是有为
法,不生不灭,是无为法。“不生不灭”乃“生灭”的相对词,是“常
住”的别名,也是永生的意思。凡佛经均不外此意。

⑫于一切时中:指在过去、现在和未来的一切时间,即时时刻刻。
一切时,指从无始以来相续无穷的时间,称为“一切时”。无论何
时,包括过去、现在、未来所有的时间,都称为“一切时”。

⑬念念自见:佛教认为事物和现象变化之迅速莫过于人的心念的
起灭。念念者,刹那的意思,意谓极其短暂之时间。

⑭万境自如如:即指万事万物都真实平等,没有分别。万境,指一
切的境界,即人们感觉和思维的一切事物和现象。如如,即“如
于真如”。是不动、寂默、平等不二、不起颠倒分别的自性境界,
即如理智所证得的真如,故而称“如如”。

⑮真实:离迷情、绝虚妄称为“真实”。与“方便权假”对应。身口各
异,言念无实,称为“虚伪”。若表里如一,更无虚妄,则为“真
实”。

⑯若入得门:其他早期《坛经》版本在此句后尚有“见自本性”一句。

⑰童子:对寺院中尚未正式出家的青少年的称呼。

⑱碓坊:舂米的房间。

⑲“依此”四句:法海集记系及惠昕所述系《坛经》在此句之前尚有
“尽诵悟此偈者,即见自性(成佛)”一句。此句一落,五祖因材施

教的高妙之处大受损失。

⑳"上人"五句：法海集记系及惠昕所述系《坛经》在此句之后有："亦愿诵取（或此），结来生缘，愿（或同）生佛地。"契嵩校勘系《坛经》则将此句置于其前，作："我亦要诵取此，结来生缘，同生佛地。"而在宗宝所编《坛经》中则将之予以删除而于"上人"二字之前作注云："我亦要诵取此，结来生缘。"上人，上德之人。是对智德兼备而可为众僧及众人师者的高僧的尊称。《释氏要览》卷上谓内有智德，外有胜行，在众人之上者为"上人"。后逐渐成为对出家僧人的尊称。这里是惠能对童子的尊称。

㉑惠能不识字：从上下文看，惠能不识字的本义为不会读识、书写文字，而不是不会辨别、分析文字的含义。相反，从《坛经》所载的惠能语录来看，惠能对文字所传递的佛教义理具有深刻的领悟，并能够用通俗易懂的语言形象地、条理地、有针对性地阐发出来。

㉒江州：地名。晋朝时置，隋朝改为九江郡，唐又改为江州，元朝为江州路，江西全省及湖北省的老武昌及其附近各县均属之。明清两朝为九江府，今江西九江即江州治所。

【译文】

　　五祖本来已经了解神秀是还未真正入道，还不能识见自心自性的。天亮后，五祖请来供奉卢珍，带到南边廊下，准备请他绘制壁画，猛地看到神秀书写的这个偈，便向卢珍宣称道："供奉，不用再画了，劳驾你远道而来。佛经上说：凡是一切有形体相状的东西都是虚幻不真实的。只留下这首偈，让人们念诵持奉，依照这个偈去修行，可以避免堕入恶道；依照这个偈的道理去修行，会有很大的利益。"于是，五祖让门下弟子们焚香敬礼，都来念诵这首偈，可以识见自性。

　　弟子们依照五祖大师的话去念诵这个偈，都心生欢喜称赞不已。

　　五祖当天夜里三更时分把神秀叫到堂上，问道："偈是你作的吗？"

神秀回答道："确实是神秀我作的,不敢奢望求取第六代祖师的位置,只希望师父发发慈悲,衡量弟子我是否还有一点智慧?"

五祖大师说:"你作的这个偈,还没有认识到本性,你只到了门外,还没有登堂入室。依照这样的见解,要想获得无上的觉悟,是不可能的。所谓无上的觉悟,是必须当下识心见性。认识到本心佛性没有生起和毁灭,于任何时候、在每一念中,即时时刻刻、在在处处都能清楚明白地了知。一切事物现象相互融通而无滞碍,事物本性真实因而一切万法真实不虚,如实呈现。体现真如佛性,自心如实呈现,就是真实。如果有了这样的见解就是体证无上觉悟的本性。你姑且先回去再思考一两天,作一个新的偈给我看。如果重写的偈表明你真的入门了,我就将衣钵传给你。"

神秀向五祖行礼后退出来。又过了几天,偈仍然没能作成,心中整天恍恍惚惚,精神不安,犹如在梦中一般,行住坐卧都闷闷不乐。

又过了两天,有一个童子,从碓坊前经过,口中唱诵着神秀所作的偈。惠能一听就知道这首偈还没有认识到本心自性。惠能虽然从未蒙受过点化指导,但心中早已认识了佛法的大意。于是就问童子:"你念的是什么偈啊?"

童子说:"你这獦獠有所不知。五祖弘忍大师说:'世上众生脱离生死苦海是亟待解决的大问题。'他要传授衣钵和教法,让弟子们各写一个偈给他看。如果谁悟得佛法大意,就传衣钵给他,让他成为第六代祖师。上座师神秀在南廊墙壁上,写了这首无相偈,五祖弘忍大师让弟子们都念诵这首偈,依照这首偈修行,可以避免坠入恶道;依照这首偈修行,会有大受益。"

惠能说:"上人,我在这里踏碓舂米,已经八个月了,从来没有走到堂上去,希望上人能带领我到偈前去礼敬膜拜。"

童子便带惠能到偈前去礼拜。惠能说:"惠能我不识字,请上人为我读一遍。"

当时,有位叫张日用的江州别驾在场,便高声诵读了神秀的偈。惠能听了以后便说:"我也有一偈,希望别驾为我写下来。"

别驾说:"你也作偈? 这件事真是稀奇少有。"

惠能向别驾言:"欲学无上菩提,不得轻于初学。下下人有上上智,上上人有没意智①。若轻人,即有无量无边罪②。"

别驾言:"汝但诵偈,吾为汝书。汝若得法,先须度吾③,勿忘此言。"

惠能偈曰:

> 菩提本无树,明镜亦非台。
>
> 本来无一物,何处惹尘埃④。

书此偈已,徒众总惊,无不嗟讶⑤,各相谓言:"奇哉,不得以貌取人,何得多时使他肉身菩萨⑥。"

祖见众人惊怪,恐人损害,遂将鞋擦了偈,曰:"亦未见性。"众以为然。

次日祖潜至碓坊⑦,见能腰石舂米⑧,语曰:"求道之人,为法忘躯⑨,当如是乎!"

乃问曰:"米熟也未⑩?"

惠能曰:"米熟久矣,犹欠筛在⑪。"

祖以杖击碓三下而去⑫。惠能即会祖意。三鼓入室。

祖以袈裟遮围⑬,不令人见。为说《金刚经》,至"应无所住而生其心"⑭,惠能言下大悟"一切万法不离自性"。遂启祖言:"何期自性本自清净⑮,何期自性本不生灭,何期自性本自具足⑯,何期自性本无动摇,何期自性能生万法。"

　　祖知悟本性，谓惠能曰："不识本心，学法无益。若识自本心，见自本性，即名丈夫、天人师、佛⑰。"

　　三更受法，人尽不知，便传顿教及衣钵⑱。云："汝为第六代祖，善自护念，广度有情⑲，流布将来，无令断绝。听吾偈。"曰：

　　　　有情来下种，因地果还生。

　　　　无情既无种，无性亦无生⑳。

　　祖复曰："昔达摩大师㉑，初来此土，人未之信，故传此衣，以为信体，代代相承。法则以心传心，皆令自悟自解。自古佛佛惟传本体，师师密付本心。衣为争端，止汝勿传，若传此衣，命如悬丝，汝须速去，恐人害汝。"

　　惠能启曰："向甚处去？"

　　祖云："逢怀则止，遇会则藏㉒。"

　　惠能三更领得衣钵，云："能本是南中人，素不知此山路，如何出得江口？"

　　五祖言："汝不须忧，吾自送汝。"

【注释】

①没意智：即指愚钝、没有智慧或智慧被埋没的意思。意智，即思量之意。

②无量：指不可计量之意。指空间、时间、数量之无限，亦指佛德之无限。无边：指广大而无边际也。

③度：渡过之意。指从此处渡经生死迷惑之大海，而到达觉悟彼岸。出家为觉悟之第一步，故称出家为"得度"，即从生死此岸到解脱涅槃的彼岸。

④"菩提"四句:关于这首偈颂,历来有两点特别值得注意:一是法
海集记系《坛经》记载惠能此时作了两个偈颂,即"菩提本无树,
明镜亦无台,佛性(或'姓')常清净,何处有尘埃"与"心是菩提
树,身为明镜台,明镜本清净,何处染尘埃";二是法海集记系《坛
经》中的一颂与后来流行的一颂的第三句偈相差比较大,即"佛
性常清净"与"本来无一物"。从当前讨论的热点来看,尤其是第
二点所引起的争议特别突出。大体来看,有学者根据传统印度
佛教空有二宗的分判,认为"佛性常清净"是有宗的代言,"本来
无一物"则是空宗的表现,二者是不相容的;另有学者则根据中
国佛教形成的空有相摄的传统认为,"佛性常清净"并非单纯讲
"佛性有"而且特将"清净"赋予之,而"清净"即"第一义空",这种
"胜义空"在中国佛教话语中即是用"无"来表达的,所以"佛性常
清净"与"本来无一物"是不相矛盾的。总起来看,这两种观点都
注意到了"本来无一物"是后出之作,只是一者认为是歧出,一者
认为不是。现在从惠能以后的禅宗发展来看,据唐中期禅宗禅
学史家宗密的一些记载,惠能禅很快就分出了注重妙有的派别
和注重破遮的派别,而且从整体上表现出对破遮思想的偏好,例
如四川一带的无住等、南方青原行思下的石头系;另外,在惠能
禅之外,还有以注重般若思想而著名的牛头系,而这些派系基本
上又都是活跃在整个南中国的,所以《坛经》中的"佛性常清净"
一变而为"本来无一物"当是受到这种般若思潮的影响所致。实
际上,般若思潮对禅宗发展的影响不仅可以从宗密的评介、《坛
经》的流变中发现,而且可以从具体禅派在禅法上的变化得到印
证。例如,据《景德传灯录》卷七记载,惠能弟子南岳怀让下的马
祖道一就曾先以"即心即佛"教人,又以"非心非佛"、"不是心、不
是佛、不是物"教人,而这种做法得到了良好的效应,乃至当时著
名的慧忠国师认为其后一做法更好。

⑤嗟讶:赞叹而惊讶之意。

⑥肉身菩萨:菩萨,指据大乘佛教教义修行而能够于未来成就佛道
的修行者。肉身菩萨,指生身菩萨,即以父母所生之身而至菩萨
修行阶位的人。肉身菩萨于入寂后可得全身舍利。所谓舍利,
据《法苑珠林》卷四十所载,舍利即身骨,为有别于凡夫死人之
骨,故保留梵名。可分为三种:一、骨舍利,白色;二、发舍利,黑
色;三、肉舍利,赤色。全身舍利系于高僧或大善知识示寂后,其
身躯虽经年代久远,时空变迁,却未腐朽溃烂,常保原形而栩栩
如生。

⑦潜:悄悄地。

⑧腰石:即在腰上绑着的石头,意思是说,碓房踏碓舂米的活动本
来需要一定的体重和体力才能完成,但是作为行者的惠能年轻
而又瘦小,所以需要借助腰石来增加体重以完成舂米的劳务。

⑨为法忘躯:为追求真理而不顾忌躯体劳碌,这种精神为佛教所一
贯提倡,例如《涅槃经》中记载佛陀为四句偈颂而献身,又如达摩
坐禅证道于嵩山面壁九年,惠可为求佛法立雪断臂,等等。

⑩米熟也未:禅家讲"劈柴担水,无非妙道",此处以舂米为喻,暗示
询问惠能悟道了没有,思维是否成熟了。

⑪犹欠筛在:此处以筛子筛米为喻,暗示惠能称自己思虑早已成
熟,就差五祖弘忍大师点化开示或验证肯定了。

⑫祖以杖击碓三下而去:此处指五祖弘忍大师暗示惠能是夜三更
来见。

⑬袈裟:比丘的法衣,解释为不正色、坏色、染色等意义,因为出家
比丘所穿的法衣,都要染成浊色,故袈裟是依染色而立名的。又
因其形状为许多长方形割截的小布块缝合而成,有如田畔,故又
名"割截衣"或"田相衣",亦称"福田衣"。

⑭应无所住而生其心:为《金刚经》中之名句,与《心经》中"空即是

色"义同。意即不论处于何境,此心皆能无所执着,而自然生起。心若有所执着,犹如生根不动,则无法有效掌握一切。故不论于何处,心都不可存有丝毫执着,才能随时任运自在,而如实体悟真理。

⑮何期:语意助词,相当于没有想到、原来如此。

⑯具足:"具备满足"的略称。

⑰"若识"三句:丈夫、天人师、佛即调御丈夫、天人师、佛世尊,是佛教经典中常说的关于佛陀的十个称号之三,其他七个称号分别为如来、应供、正遍知、明行足、善逝、世间解、无上士。这十个称号各指谓佛陀在十个方面的才能出众。不过,在禅宗看来,佛陀之所以有这些称号乃至这些称号所指谓的内容全在于贯穿着这一根本内涵,即识自本心、见自本性。故而禅宗也有"佛心宗"之称。

⑱顿教及衣钵:从用字的表面意思来看,即顿教和信衣以及钵盂。值得注意的是,比较早的《坛经》版本作"顿法及衣",后来演化为"顿教及衣"、"心因顿法及衣钵"等说法,可见宗宝本《坛经》的"顿教及衣钵"的说法是比较晚出的。不过,晚出的《坛经》版本中还有直接作"衣钵"以涵盖具体内涵的做法。所以《坛经》中在这里出现的"衣钵"又可作泛化地理解,即真法正法也。顿教,指顿悟成佛的教法。以说法内容分,长时间修行而后到达悟的教法,称为"渐教";迅即证得佛果、成就菩提之教法,称为"顿教"。衣钵,指"三衣"及"一钵"。三衣,指九条衣、七条衣、五条衣三种袈裟。钵,乃修行僧之正式食器,为出家众所有物中最重要者。受戒时,"三衣一钵"为必不可少之物,亦为袈裟、铁钵之总称。禅宗之传法即传其衣钵于弟子,称为"传衣钵",因此亦引申为师者将佛法大意传授于后继者。

⑲有情:旧译为"众生",即生存者之意。关于"有情"与"众生",有

说"有情"系指人类、诸天、饿鬼、畜生、阿修罗等有情识的生物。而草木金石、山河大地等为非情、无情之物。"众生"包括"有情"及"无情"二者。另一说则认为"有情"即是"众生"之异名，二者乃一体而异名，皆包括有情之生物及无情之草木等。

⑳"有情"四句：这首偈颂又称"传衣付法颂"或"传法偈"，与前面所谓的"呈心偈"或"得法偈"具有不同的宗教意义。按照禅宗流传下来的说法，这是师资传承的过程中祖师最后留给弟子的法语，具有犹如传授信衣或经典要论一样的印定意义，所以在语义上具有一定的含糊性，不宜作过多的推敲。另外，法海集记系《坛经》将此偈颂记为"有情来下种，无情花即生。无情又无种，心地亦无生"，并且将其与其他早期禅宗祖师的"传法偈"放置在一起，以说明"传法信衣"在惠能以后不再作为传法方式进行流转下去。

㉑达摩：指菩提达摩（？—535），为我国禅宗初祖，西天第二十八祖。梁武帝普通元年（520）泛海至广州番禺，武帝遣使迎至建业（今江苏南京），然而与武帝语不相契，遂渡江至魏，于嵩山少林寺面壁坐禅，传法给弟子慧可，授袈裟及《楞伽经》四卷。入寂后葬于熊耳山上林寺。梁武帝尊称为"圣胄大师"；唐代宗赐"圆觉大师"之谥号。

㉒逢怀则止，遇会则藏：怀指怀集县，今广西梧州。会指四会县，今广东新会。

【译文】

惠能对张别驾说："想要参习无上的菩提觉道，不应该轻视初学佛法的人。下下等的人中会有上上等的智慧，上上等的人中也有愚钝没智慧的。如果轻视别人，就犯下了不可估量的罪过。"

张别驾便说："你就说你的偈吧，我为你写。你如果得了法，一定要先来度我，请千万别忘了这句话。"

惠能的偈说道：

菩提本无树，明镜亦非台。

本来无一物，何处惹尘埃。

张别驾把这首偈写完以后，弟子众人全部惊讶不已，没有一个不唏嘘感叹的，互相说道："真是奇迹啊，人不应该以貌取人，什么时候他竟成了肉身菩萨。"

五祖看见大家惊讶嗔怪，唯恐有人要起心加害惠能，便用鞋将偈擦掉，说："这首偈也没有见得本心。"于是大家都认为是这样的。

第二天，五祖悄悄地来到碓坊，看见惠能弯腰拴着一块大石头正费力地舂米，说道："求佛道的人，为了佛法忘却自身，正应当像这样啊！"

便问道："米熟了没有？"

惠能说："米早就熟了，就差筛子筛一下了！"

五祖弘忍大师用柱杖在碓石上敲了三下走了，惠能立刻明白了五祖的心意。在当天晚上三更时分来到了五祖的房里。

五祖用自己的袈裟把门窗遮围起来，不让人看见。为惠能讲解《金刚经》，当讲到"应无所住而生其心"时，惠能当下开悟，明白了"一切万法不离自性"的道理。惠能于是禀告五祖说："想不到自我的本性原本是清净的；想不到自我的本性原本是不生不灭的；想不到自我的本性原本是自我具足的；想不到自我的本性原本是没有动摇的；想不到自我的本性是能解释产生一切万法的。"

五祖弘忍大师知道惠能已悟得了本性，便对惠能说："不能认识本心，学习佛法是没有用的。如果认识了自我的本性，识见了自己的本心，这样的人就可称为大丈夫、天人师和佛。"

五祖弘忍三更时分传授惠能佛法，人们都不知道。于是五祖把禅宗顿悟法门和衣钵传给了惠能，说："你现在是第六代祖师，请善自珍重，好自护念，广度天下有情众生，将来广泛流布本门教法，不使它中断失传。听我的偈吧。"偈说：

有情来下种，因地果还生。

无情即无种，无性亦无生。

五祖弘忍大师又说：“当年达摩大师刚刚由印度来中土传扬佛法的时候，人们都不相信他，所以传下这件袈裟作为信物，用来代代相传，以为表证。顿教法门则是以心传心，心心印证，都要自己求证得解脱。自古以来诸佛所传都是以真谛为根本，祖师代代相承也都是密付教法，识见本心。衣钵实在是争夺的祸端，到你这儿就不要再传了，如果再传这件袈裟，你的性命就如同系千钧于一发，时刻都有危险。你必须赶快离开，恐怕有人要加害于你。”

惠能问五祖弘忍大师：“往哪里去呢？”

五祖说：“遇到带‘怀’字的地方就停下来，碰到带‘会’字的地方就隐居起来。”

惠能于三更时分领受了衣钵，说道：“惠能我原本是南方人，平日里不了解这里的山路，怎么能离开到江口去呢？”

五祖说：“你不需要担忧，我会亲自送你的。”

祖相送直至九江驿①。祖令上船，五祖把橹自摇。惠能言：“请和尚坐，弟子合摇橹②。”祖云：“合是吾渡汝。”惠能云：“迷时师度，悟了自度，度名虽一，用处不同。惠能生在边方，语音不正，蒙师传法，今已得悟，只合自性自度。”祖云：“如是如是。以后佛法，由汝大行。汝去三年，吾方逝世。汝今好去，努力向南，不宜速说，佛法难起③。”

惠能辞违祖已④，发足南行。两月中间，至大庾岭⑤，逐后数百人来，欲夺衣钵。

一僧俗姓陈，名惠明。先是四品将军，性行粗糙，极意参寻⑥，为众人先，趁及惠能。惠能掷下衣钵于石上，曰：“此衣表信，可力争耶。"

能隐草莽中，惠明至，提掇不动。乃唤云："行者行者，我为法来，不为衣来！"

惠能遂出，盘坐石上。惠明作礼云："望行者为我说法。"惠能云："汝既为法而来，可屏息诸缘⑦，勿生一念，吾为汝说。"

明良久。惠能云："不思善，不思恶，正与么时，那个是明上座本来面目⑧。"

惠明言下大悟。复问云："上来密语密意外⑨，还更有密意否？"

【注释】

①九江驿：今江西九江。一说，为湖北黄梅的一个驿站名。

②合：应该，理应。

③"汝去"六句：法海系《坛经》作"汝去努力，将法向南，三年勿弘，此法难去，在后弘化，善诱迷人，若得心开，汝（与）悟（吾）无别"，惠昕系《坛经》作"汝去一年，吾即前逝。五祖言：汝今好去，努力向南，五年勿说，此法难起，他后行化，善诱迷人，若得心开，与吾无别"。很明显，《坛经》在这里所记载年数的不同主要是由于其中增入了五祖对自己灭度时间的预言。最后广泛流传的《坛经》版本只将"三年"保留了下来，似乎兼顾了前逝和隐遁两件事，但是由于敦煌文献的发现，其中有关于神秀离开弘忍后隐居十几年的记载，所以就和神秀与惠能见面及比试偈颂的事实构成了直接的冲突。

④辞违：辞别，告辞。

⑤大庾（yǔ）岭：在今江西大庾南、广东南雄北，是"五岭"之一。相

传汉武帝时,有庾姓将军筑城于此,因名"大庾岭",又称"庾岭"。

⑥参寻:追踪寻找。

⑦屏息诸缘:指屏息凝神,排除一切杂念。诸缘,指人心所追求、迷恋的一切现象。

⑧本来面目:禅林用语。乃人人本具、不迷不悟之面目,即自己的自性,离开了一切的烦恼和染污,就是自己的本来面目。

⑨密语密意:指佛陀真实、秘密之言语与教示。密意,隐藏的旨意,即佛特殊的意趣。密意所说之语,称为"密语"。

【译文】

五祖一直把惠能送到九江驿。五祖让惠能上船,五祖抓起橹亲自摇起来。惠能说:"师父请坐,应该弟子摇橹。"五祖说:"应该是我度你到彼岸。"惠能说:"我迷悟时师父度我,我开悟时应当自己度自己,同样是度,但师父度我和我度自我,用起来却不一样。惠能我生长在边远地方,连语言发音都不正确,承蒙师父传授教法,现在已经得悟,应该以自己本心自己度自己了。"五祖说:"是这样! 是这样! 今后佛法要由你广为流布了。你离开后三年,我才会离开人世。你今天善自珍重,好生离去,奋力向南方走,不适宜过早讲说顿教法门,因为这些年内佛法很难兴盛起来。"

惠能辞别了五祖之后,拼命往南走。不到两个月,抵达了大庾岭。这时,后面跟随追踪而来的有几百人,都想来抢夺衣钵。

一个僧人俗姓陈,叫惠明,以前是四品将军,性格行为比较粗鲁,正极力地追踪寻找,他跑到众人的前面,赶上了惠能。惠能将衣钵扔在石头上,说:"这件袈裟象征着佛法,难道是可以武力来争夺的吗?"

惠能于是隐藏在草丛中。惠明追来后,石头上的袈裟却怎么也拿不起来,袈裟纹丝不动,于是就大喊道:"行者,行者,我是为佛法来的,不是为袈裟来的!"

于是惠能便出来了,盘腿坐在石头上。惠明向他行礼并说:"恳望行者为我宣讲佛法。"惠能说："你既然是为了佛法而来,可以去除止息心中一切想法,不要生一点杂念,我为你讲说佛法。"

惠明进行了长时间的静默。惠能说："不要有意识地思量善,不要有意识地思量恶,在这种状态下,惠明上座你的本来面目是什么呢?"

惠明听了立刻大悟,又问："除了刚才所说的密语密意之外,还有什么密意吗?"

惠能云："与汝说者,即非密也。汝若反照,密在汝边。"

明曰："惠明虽在黄梅,实未省自己面目。今蒙指示,如人饮水,冷暖自知。今行者即惠明师也。"

惠能曰："汝若如是,吾与汝同师黄梅。善自护持。"

明又问："惠明今后向甚处去?"

惠能曰："逢袁则止,遇蒙则居^①。"

明礼辞。

惠能后至曹溪^②,又被恶人寻逐。乃于四会,避难猎人队中,凡经一十五载。时与猎人随宜说法^③。猎人常令守网,每见生命,尽放之。每至饭时,以菜寄煮肉锅。或问,则对曰:但吃肉边菜^④。

一日思惟:时当弘法^⑤,不可终遁。遂出至广州法性寺^⑥,值印宗法师讲《涅槃经》^⑦。时有风吹幡动^⑧,一僧曰风动,一僧曰幡动,议论不已。

惠能进曰："不是风动,不是幡动,仁者心动^⑨。"

一众骇然。印宗延至上席,征诘奥义。见惠能言简理当,不由文字。宗云："行者定非常人。久闻黄梅衣法南来,莫是行者否?"

惠能曰："不敢。"

宗于是作礼,告请传来衣钵,出示大众。宗复问曰:"黄梅付嘱⑩,如何指授?"

惠能曰:"指授即无,惟论见性,不论禅定解脱⑪。"

宗曰:"何不论禅定解脱?"

能曰:"为是二法,不是佛法。佛法是不二之法⑫。"

宗又问:"如何是佛法不二之法?"

惠能曰:"法师讲《涅槃经》,明佛性是佛法不二之法。如高贵德王菩萨白佛言⑬:'犯四重禁⑭,作五逆罪⑮,及一阐提等⑯,当断善根佛性否⑰?'佛言:'善根有二:一者常,二者无常。'佛性非常非无常,是故不断,名为不二;一者善,二者不善,佛性非善非不善,是名不二。蕴之与界⑱,凡夫见二,智者了达其性无二,无二之性即是佛性。"

【注释】

①逢袁则止,遇蒙则居:指示惠明遇到地名中有"袁"字的地方就可以停下来,遇到地名中有"蒙"字的地方则可以居住下来。袁指袁州,蒙指袁州蒙山,今天的江西宜春,惠明后来居住在这里。

②曹溪:位于韶州(今广东曲江东南)之河,发源于狗耳岭,西流与溱水合,以经曹侯冢故,又称"曹侯溪"。梁天监元年(502),天竺婆罗门三藏智药到曹溪口,饮其水而知此源为胜地,乃劝村人建寺,复因其地似西国之宝林山,故称"宝林寺"。智药预言,一百七十年后有肉身菩萨于此开演无上法门,得道者如林。六祖惠能在此弘法,故也称"曹溪大师",后来也成为禅宗南宗的代称。

③随宜说法:顺应众生不同能力、根器,顺应不同时间、地点各施以适当之教法,进行宣说佛法,以达完全效果称为"随宜所说"、"随

宜说法"。说法,即宣说佛法,以化导利益众生。

④但吃肉边菜:只是吃食寄煮肉边的蔬菜。值得注意的是,"但吃肉边菜"的惠能是否有破坏佛教吃素戒律的问题呢?我们觉得从素食戒律的来源和禅戒关系两个方面来看,这并不是一个问题。首先,佛教素食的提倡是随着佛教尤其是大乘佛教的盛行而盛行的,中国佛教将素食提升为一种制度,最早来源于南北朝时梁武帝的《断酒肉文》。其次,从禅戒关系来看,禅宗尤其是惠能以后的中国禅宗特别注重突破固定的形式以实现内在的解脱,如认为禅不限于坐,生活里的行住坐卧四威仪中皆可实现禅的境界,又如在戒律方面也特别强调戒体、戒相之分,认为戒体本净,无形无相,如果停留在具体的戒规律仪上则会蒙蔽真实戒体的显现。总之,"但吃肉边菜"既反映了禅宗不拘形式的风貌,也在一定程度上流露出其特重内在解脱的精神。

⑤弘法:弘通正法。

⑥广州法性寺:又作"制旨寺"、"制止道场",今称为"光孝寺",位于广州西北部。东晋时,罽宾僧始造立寺宇,号"王园寺"。南朝时,真谛住此翻译经典,慧恺、僧宗等亦跟随来此,一时译经风盛。唐贞观年间,称为"乾明法性寺"。唐高宗仪凤元年(676),六祖惠能至本寺,开"东山法门"。宋以后改为"广孝寺"。

⑦印宗法师(627—713):唐代僧,吴郡(今江苏苏州)人。于广州法性寺宣讲《涅槃经》,遇六祖惠能大师,始悟玄理,而以惠能为传法师,八十七岁示寂。《涅槃经》:全称《大般涅槃经》,为北凉昙无谶译,四十卷。《涅槃经》主要宣扬佛身常在和"一切众生,悉有佛性"的思想。

⑧幡:乃旌旗之总称。原为武人在战场上用以统领军旅、显扬军威之物,佛教则取之以显示佛菩萨降魔之威德,与"幢"同为佛菩萨之庄严供具。幡之形状,一般是由三角形的幡头、长方形的幡

身、置于幡身左右的幡手，及幡身下方的幡足构成，有大有小。幡通常是布制，然亦有金铜制、杂玉制、纸制等类。

⑨仁者：乃对人之敬称，或单称"仁"。

⑩付嘱：原为付托、寄托之意。在佛经中，被引申为佛陀付托弘法布教的使命。禅宗常用以指嘱托袈裟等物，并转而表示师父以佛法的奥义授予弟子，故"付嘱"乃成禅宗的传统用语。

⑪禅定：禅，为梵语"禅那"之略，译曰"思惟修"、"静虑"。定，为梵语"三昧"之译，心定止一境而离散动之义。"禅"与"定"皆为令心专注于某一对象，而达于不散乱的状态。解脱：指由烦恼束缚中解放，而超脱迷苦之境地。以能超度迷妄之世界，故又称"度脱"；以得解脱，故称"得脱"。广义言之，摆脱世俗任何束缚，于宗教精神上感到自由，均可用以称之。佛教以"涅槃"与"解脱"表示实践道之终极境地。

⑫不二之法：独一无二之法门。不二，又作"无二"、"离两边"，指对一切现象应无分别，或超越各种区别。

⑬高贵德王菩萨：具名"光明遍照高贵德王菩萨"。《涅槃经疏》十九曰："光明遍照，论外化广。高贵德王，辨内行深。"

⑭四重禁：指比丘极严重之四种禁制，全称"四重禁戒"，略作"四重"，又作"四重罪"、"四波罗夷罪"。即：一、杀生；二、偷盗；三、邪淫；四、妄语。

⑮五逆罪：即五重罪，指罪大恶极，极逆于理者，有大乘五逆、小乘五逆之分。小乘五逆（单五逆）指：害母、害父、害阿罗汉、恶心出佛身血、破僧等五者。大乘五逆（复五逆）即：破坏塔寺，烧毁经像，夺取三宝之物，或教唆他人行此等事，而心生欢喜；毁谤声闻、缘觉以及大乘法；妨碍出家人修行，或杀害出家人；犯小乘五逆罪之一；主张所有皆无业报，而行十不善业或不畏后世果报，而教唆他人行十恶等。

⑯一阐提：是不信佛法之义，即指断绝一切善根、无成佛之性、无法成佛者。

⑰当断善根佛性否：据《曹溪大师别传》记载，此句为"为当断善根，佛性改否"，故此句意思即为"应当是断绝善根乃至佛性了吧"。

⑱蕴之与界：即指"五蕴"与"十八界"。五蕴，即类聚一切有为法之五种类别。一、色蕴，即一切色法之类聚；二、受蕴，苦、乐、舍、眼触等所生之诸受；三、想蕴，眼触等所生之诸想；四、行蕴，除色、受、想、识外之一切有为法，亦即意志与心之作用；五、识蕴，即眼识等诸识之各类聚。十八界，即十八种类自性各别不同，又作"十八持"。即眼、耳、鼻、舌、身、意等六根（能发生认识之功能），及其所对之色、声、香、味、触、法等六境（为认识之对象），以及感官（六根）缘对境（六境）所生之眼、耳、鼻、舌、身、意等六识，合为十八种，称为"十八界"。界，为种类、种族之义。

【译文】

惠能说："和你说了的，就不是秘密。你如果能够凭借智慧返观本心，妙法就在你那一边。"

惠明说："惠明虽然一直在黄梅修行，其实从未醒悟认识自己本来面目。今天承蒙指示，就像人喝水一样，是凉是热只有自己知道。从今以后，你就是我惠明的师父了！"

惠能说："你如果是这么想，那我和你都共同以五祖弘忍为师吧，今后好好护念修持。"

惠明又问："惠明我今后应该往哪里去？"

惠能说："碰到带'袁'字的地方就可以停下来，遇到带'蒙'的地方就可以住下来。"

惠明于是行礼并辞行。

惠能后来来到了曹溪山，又被恶人追赶。于是在四会这个地方，不得不混迹于猎人的队伍里,一晃就是十五年。这段时间里,他常常根据猎人们的不同情况,适时地给他们讲佛法。猎人们经常让他在捕兽的网边看守,每当看到有动物落入网中,惠能都将它们放生。每次到了吃饭的时候,惠能总是把蔬菜放在肉锅里煮熟了吃。有时被问到为什么这样做,惠能就回答:我只吃肉锅里的菜。

终于有一天,惠能思虑:该是弘法的时候了,不能一直这样隐遁下去。于是惠能离开四会来到广州法性寺,正好碰上印宗法师在讲《涅槃经》。这时一阵风吹着旌旗开始飘动,有一个僧人说这是风在动,一个僧人说这是旗在动,于是争论不休。

惠能这时进来说:"不是风在动,也不是旗在动,是诸位的心在动。"

在场的僧人都惊讶不已。印宗法师于是将惠能请到上席就座,向他提问求证佛法深奥的大意。惠能所说的都简单明白,句句如理,不拘泥于文字。印宗说:"行者一定不是寻常的人。我早就听说得传黄梅弘忍大师衣钵教法的人来到了南方,是不是就是你呢?"

惠能说:"不敢当。"

印宗于是向惠能行礼,请求惠能将五祖弘忍大师所传的袈裟取出来展示给大家看。印宗又问:"黄梅五祖弘忍大师所传付的衣钵教法究竟是如何说的?"

惠能说:"并没有说什么,只是探究如何明心见性,而不提倡通过修禅习定得解脱。"

印宗问:"为什么不提倡修禅习定得解脱呢?"

惠能说:"因为修禅习定求解脱是有分别、有对待的法,不是佛法。佛法是不二之法。"

印宗又问:"什么是佛法的不二之法呢?"

惠能说:"法师你讲《涅槃经》,知道识见佛性是佛法的不二之法。比如光明普照高贵德王菩萨对佛说:'犯了杀生、盗窃、邪淫、撒谎的四种根本戒;犯了杀父、杀母、杀阿罗汉、分裂僧团和伤害佛身体的五逆罪,还有不信佛法,断绝一切善根,不解成佛的一阐提等等,应当是断绝佛性和善根了吧?'佛说:'善根有两种,一个是永恒不变的,另一个是转瞬易逝的。'佛性既不是永恒不变也不是转瞬即逝的,所以善根是不断灭的,这就是佛法的不二之法。五戒十善是善,五逆十恶是不善,而佛性是既不是善也不是不善,这就是佛法的不二之法。五蕴十八界,凡夫俗子看到的是差别,智慧之人了解通达它的本性是无差别的,这无差别的本性就是佛性。"

印宗闻说,欢喜合掌①,言:"某甲讲经②,犹如瓦砾;仁者论义,犹如真金。"于是为惠能剃发③,愿事为师。惠能遂于菩提树下,开东山法门④:

"惠能于东山得法,辛苦受尽,命似悬丝。今日得与使君、官僚、僧尼、道俗同此一会,莫非累劫之缘⑤,亦是过去生中供养诸佛,同种善根,方始得闻如上顿教、得法之因。教是先圣所传,不是惠能自智。愿闻先圣教者,各令净心,闻了各自除疑,如先代圣人无别。"

一众闻法,欢喜作礼而退⑥。

【注释】

①合掌:又作"合十",即合并两掌,集中心思,而恭敬礼拜之意。本为印度自古所行之礼法,佛教沿用之。

②某甲:可以指他人也可以指自己。这里指自己。讲经:讲说经典。即公开宣讲、演说佛典之义理、内涵。有时,亦称有关佛法之专题演讲为讲经。举行讲经的场所,称为"讲席"、"讲筵"、"讲肆"、"讲座"等,讲说者称为"讲师"、"讲主"、"讲士"、"讲匠"。

③剃发:又作"薙发"、"削发"、"祝发"、"落剃"、"落饰"、"落发"、"净

发"、"庄发",即出家皈依佛门时,剃除发、髭而成为僧、尼。此系
佛弟子为去骄慢,且别于外道,或避免世俗之虚饰,而行剃发。

④东山法门:指五祖的法门,因五祖弘忍禅师住在蕲州黄梅之黄梅
山,其山在县之东部,因而称"东山"。禅宗四祖道信、五祖弘忍,
都住在黄梅东山,引接学人。

⑤累劫之缘:指积累许多劫所结下的缘分。累劫,指累叠众多的
劫量。

⑥"一众"二句:此句唯有宗宝本《坛经》才有,清代僧人王起隆认为
这种添加有将整个大梵寺说法活动割断的嫌疑。

【译文】

印宗听了这些讲说之后,心中欢喜,恭敬地合掌礼拜,说:"我对佛
教经典的讲解就像砖瓦土块一样毫无价值;而仁者您谈论佛法大义,就
如同纯金一样令人珍惜。"于是为惠能削发剃度,并希望拜惠能为师。
惠能于是就在菩提树下,开讲五祖弘忍传授下来的佛教教法:

"惠能自从在弘忍大师那里得传教法,受尽了辛苦,生命总是危在
旦夕。今天能够和韦刺史、各位官员、诸位僧尼道俗在这里相聚于法
会,是许多劫以来积下的缘分成就的,也是过去世中供养礼敬佛菩萨,
一同种下了善根,才有了今天听闻佛门无上的顿教法门和我获得这些
教法的因由。此顿教法门都是历代佛祖所传授下来的,并不是我惠能
个人的智慧。如果希望倾听先圣教谕的,都各自让自己内心清净,听了
教谕之后,各自去除心中痴疑惑障,那样就和先圣前贤们没什么区
别了。"

所有人听了教法,内心欢喜,礼拜之后退了出去。

般若品第二

【题解】

本品讲述应韦刺史的请益,惠能大师继续为众人开示"摩诃般若波罗蜜"这一法门要义的内容。其通过"大智慧到彼岸"来诠释"摩诃般若波罗蜜"的意义,指出"摩诃"是"大","般若"即"智慧","波罗蜜"为"到彼岸",并且全面地使用心性范畴来予以详细解说,从而比较集中地阐述了惠能禅以空摄有、空有相融的禅学思想。除此之外,其中还进一步指出"凡夫即佛,烦恼即菩提"、"前念迷即凡夫,后念悟即佛"、"前念著境即烦恼,后念离境即菩提"的宗趣,即不开悟,佛是众生,一念开悟,众生是佛,一切佛法都在人自心之中,要在自心之中当下顿见真如本性。

次日,韦使君请益①,师升座,告大众曰:"总净心念'摩诃般若波罗蜜多②'。"复云:"善知识!菩提般若之智,世人本自有之,只缘心迷,不能自悟,须假大善知识,示导见性③。当知愚人智人,佛性本无差别,只缘迷悟不同,所以有愚有智。吾今为说摩诃般若波罗蜜法,使汝等各得智慧,志心谛听,吾为汝说。

"善知识!世人终日口念般若,不识自性般若,犹如说食不饱。口但说空，万劫不得见性④，终无有益。

　　"善知识！摩诃般若波罗蜜是梵语⑤，此言大智慧到彼岸。此须心行⑥，不在口念。口念心不行，如幻、如化、如露、如电。口念心行，则心口相应。本性是佛，离性无别佛。何名摩诃？摩诃是大，心量广大，犹如虚空⑦，无有边畔，亦无方圆大小，亦非青黄赤白，亦无上下长短，亦无嗔无喜，无是无非，无善无恶，无有头尾。诸佛刹土⑧，尽同虚空。世人妙性本空，无有一法可得。自性真空⑨，亦复如是。

　　"善知识！莫闻吾说空，便即著空。第一莫著空；若空心静坐，即著无记空⑩。

　　"善知识！世界虚空，能含万物色像，日月星宿，山河大地，泉源溪涧，草木丛林，恶人善人，恶法善法，天堂地狱，一切大海，须弥诸山⑪，总在空中。世人性空，亦复如是。

　　"善知识！自性能含万法是大，万法在诸人性中。若见一切人恶之与善，尽皆不取不舍，亦不染著，心如虚空，名之为大，故曰'摩诃'。

【注释】

①请益：本为《礼记》、《论语》中的用语，即学人请示老师教诲的意思。佛教中指高僧大德对弟子讲法，先有所予，弟子复有所请教，称之为"请益"。

②摩诃般若波罗蜜多：梵语，《坛经》的早期版本均作"摩诃般若波罗蜜"，无"多"字。摩诃，是"大"的意思。般若，指智慧之意。波罗蜜，即"到彼岸"。全译为"大智慧到彼岸"，意谓乘此大智慧则能由生死苦海渡到涅槃彼岸。

③"菩提"六句：此提纲挈领一句，为诸本《坛经》所共有。除了法
　海系《坛经》之外的其他版本还将其前半部分转换成"菩提自
　性，本来清净，但用此心，直了成佛"写入惠能自述得法事由之
　前的开场内容之中。值得注意的是，反复强调每个人都具有这
　种性质，其直接的引申义便是在修行的过程中特别重视"人"
　的因素，如首先是"自悟"，然后是"大善知识"，然后才是其他诸
　种方式；从此也可发现何以禅宗会比其他派别如此重视师资
　传承。

④万劫：指经历世界之成坏一万次，即言时间极长。劫，是指分别
　世界成坏之时的量名，为古印度表示时间的最大单位。

⑤梵语：又称"天竺语"，古印度之标准语。古印度人认为自己所说
　的语言，乃是禀承大梵天王所说而来的，故称"梵语"。相对于一
　般民间所用之俗语，梵语又称"雅语"。

⑥心行：心内之作用、活动、状态、变化，如自心之喜爱、喜好，心之
　对象，心之作用所及范围，心之志向、心愿、性向、决心等，于心所
　起之分别意识、妄想、计较等。

⑦虚空："虚"与"空"都是"无"的别名。虚无形质，空无障碍，故名
　"虚空"。佛教中往往以虚空譬喻广大无边，譬喻无变易的常性
　以及无碍、无分别、容受之义。

⑧刹土：指国土。刹，即梵语"差多罗"，意译为"土田"。

⑨真空：真如之理体，远离一切迷情所见之相，杜绝"有""空"之相
　对，故称"真空"。以其非假，故称"真"；以其离相，故称"空"。

⑩无记空：于善不善皆不可记别的空。

⑪须弥诸山：指须弥山及其外围的八个山。须弥山意译作"妙高
　山"，此山是由金、银、琉璃、水晶四宝所成，所以称"妙"，诸山不
　能与之相比，所以称"高"。又高有八万四千由旬，阔有八万四千
　由旬，为诸山之王，故得名"妙高"。此山为一小世界的中心，周

围有八山、八海环绕，其外围的八个山就是持双、持轴、檐木、善见、马耳、象鼻、持边、铁围，而形成一世界须弥世界。

【译文】

第二天，韦刺史请惠能大师继续讲法，大师于讲坛上就座，对大家说："大家都清净自心，念诵'摩诃般若波罗蜜多'。"又说："善知识！菩提般若智慧，世上的人本来都有，只是由于自性蒙昧迷惑，而不能自我开悟，必须借助于极富有智慧的大善知识的开示引导，才能见到自己的本性。我们应该知道愚人和智人，他们的佛性都是没有差别的，只是由于迷惑和开悟的状态不同，所以才有了愚智之分。我今天为你们说摩诃般若波罗蜜法，使你们各自都得到智慧，用心仔细倾听，我来为你们讲。

"善知识！世上的人们整天嘴里念诵般若，寻找智慧，却没有认识到自我本性中存在的般若智慧，这就好比嘴里说各种食物是不能使人肚子饱的。寻求般若智慧如果只是嘴上空说，虽历经万劫，也是永远不能明心见性，终究对学法是没有增益的。

"善知识！摩诃般若波罗蜜是梵语，意思是大智慧到彼岸。这必须要内心体认，而不是口头上说。嘴上说而内心不体认，一切将如同梦幻泡影，如露如电，转瞬即逝全都是空。口中念诵，内心体认，才能心口一致，相互契合。人的清净本性就是佛，离开自性没有别的成佛的可能。什么叫摩诃呢？摩诃是大的意思，人心广大无限，就像虚空一样，没有形质，没有障碍，没有边际，不是方形圆形，没有大小，没有青黄赤白之色，也没有上下长短，没有嗔怒欢喜，没有善恶对错，没有开端和尽头等。佛性境界，都等同于虚空。世上之人的本性其体本空，含一切万法，不舍一切法。所谓自我本性为真空妙有，也是这个道理。

"善知识！不要听我谈论空，便立刻又执着于对空的追求。首先是不要执着于空；如果一味什么也不想地坐在那里，虽无善恶分别，但又落入虚妄的无记空了！

"善知识！世界虚空，却能包含万事万物，各种现象：日月星辰，山河大地，泉源溪涧，草木丛林，恶人善人，恶法善法，天堂地狱，所有的大海，须弥山及其周围的山，都全部含纳于虚空之中。世人的自性真空，也是这样的。

"善知识！能含藏一切万法，这就是大。万法存在个人的自性本心之中。如果看到一切人的善和恶，都能够不生取舍之心，也不被沾染，不起执着，心如同虚空一样，这样就称之为大，所以称为'摩诃'。

"善知识！迷人口说，智者心行。又有迷人，空心静坐，百无所思，自称为大。此一辈人，不可与语，为邪见故①。

"善知识！心量广大，遍周法界②。用即了了分明③，应用便知一切。一切即一，一即一切，去来自由，心体无滞，即是般若。

"善知识！一切般若智，皆从自性而生，不从外入，莫错用意，名为真性自用。一真一切真。心量大事④，不行小道⑤。口莫终日说空，心中不修此行。恰似凡人自称国王⑥，终不可得，非吾弟子。

"善知识！何名般若？般若者，唐言智慧也⑦。一切处所，一切时中，念念不愚，常行智慧，即是般若行。一念愚即般若绝，一念智即般若生。世人愚迷，不见般若。口说般若，心中常愚。常自言我修般若，念念说空，不识真空⑧。般若无形相，智慧心即是⑨，若作如是解，即名般若智。

"何名波罗蜜？此是西国语⑩，唐言到彼岸，解义离生灭。著境生灭起⑪，如水有波浪，即名为此岸；离境无生灭，如水常通流，即名为彼岸，故号波罗蜜。

　　"善知识！迷人口念，当念之时，有妄有非。念念若行，是名真性⑫。悟此法者，是般若法，修此行者，是般若行。不修即凡，一念修行，自身等佛。

　　"善知识！凡夫即佛⑬，烦恼即菩提⑭。前念迷即凡夫，后念悟即佛。前念著境即烦恼，后念离境即菩提。

【注释】

①邪见：指不正之执见。凡是不合正法的外道之见都可叫做"邪见"。

②法界：为"十八界"之一。广义泛指有为、无为之一切诸法，称为"法界"。法界又称"法性"、"实相"。法界之义有多种，以二义释之：一就事，一约理。就事而言，法者诸法也，界者分界也。诸法各有自体，而分界不同故名"法界"。约理而言，法相华严之释意，指真如之理性而谓之法界。或谓之真如法性、实相、实际，其体一也。

③了了：即了然、晓解。

④心量大事：心量，指心理活动。大事，指转迷开悟之事。合而言之，即指开发真如心量，显现真性妙用，是转迷开悟的大事。

⑤小道：即空心静坐、口念心邪等。

⑥国王：又名"天子"，即前世持十善戒，今生得其果报，得诸天之保护者。

⑦唐言：就是指汉语。

⑧真空：此真空具有同时包含上文关于"自性真空"和"世人性空"的双重含义，即既有不执着于万有、又有不执着于空无的意义。唐中期的宗密禅师在其《禅源诸诠集都序》中说："龙树、提婆等菩萨，依破相教广说空义破其执有，令洞然解于真空。真空者，

即不违有之空也。"

⑨般若无形相,智慧心即是:此句在法海系《坛经》中为"般若无形相,智慧性即是"。心以"思量"为义,性以"不变"为义,似有隔阂;但是从上下文看,此句重在强调应当照见万相而不着一相的精神境界("般若无形相"),这正是菩提自性本性清净在实践心修上的表现,所以此处用"心"字与用"性"字是等同的。特别值得注意的是,将"般若"与"无形相"连用而赋予智慧心性的做法,可谓是惠能南宗禅的一大特色。因为,自从东晋时起,被誉为"解空第一"的僧肇所提出的"般若无知"的命题便广泛流传于僧俗之中,而惠能"般若无形相,智慧性即是"命题的提出实际上具有很强的"般若有知"的意谓,所以在一定程度上扭转了中国般若学的发展方向。

⑩西国:即中国以西的国家,这里特指印度。

⑪著境生灭起:指由于人们追求一切外在的现象,产生了行为、语言、思想方面的"错误"行动,继而引起生死轮回。境,指人的感觉和思维器官所感知和认识的对象,泛指一切认知对象。

⑫"迷人"五句:法海系《坛经》作"迷人口念,智者心行。当念时有妄,有妄即非真有。念念若行,是名真有"。联系上下文,整个句子很显然是在对前文所提到的"迷人口念"与"智者心行"之差别要义的再次重申,故法海系《坛经》虽显冗繁,但更符合语境。从惠昕系《坛经》版本开始将"真有"改为"真性"。真性,一般认为不妄不变之真实本性,乃人本具之心体。佛教主张人所具之真性与佛菩萨之真性本无二致。不妄叫"真",不变叫"性"。从而使得宗教实践修行意涵较重的"真有"向宗教原则性意涵的方向发展。

⑬凡夫:略称"凡",指凡庸之人,迷惑事理和流转生死的平常人。就修行阶位而言,则未见四谛之理而凡庸浅识者,均称"凡夫"。

⑭烦恼：又作"惑"。烦是扰义，恼是乱义，扰乱有情故名"烦恼"，使有情之身心发生恼、乱、烦、惑、污等精神作用之总称。一般以"贪、嗔、痴"三惑为一切烦恼之根源。

【译文】

"善知识！执迷不悟的人终日口头空说，智慧开悟的人用心体认。还有一种愚迷蒙昧的人，绝弃思考，死心静坐，什么一切都不思考，自己妄称这就是大。这一种人，不能与他谈法，因为他持不正的执见。

"善知识！自性本心广博浩大，含藏遍布一切对象和常物。其功用便是能使一切清楚明白，运用它便能体认一切。一切都在本心，本心含藏一切，去来自由，无所滞碍，这就是般若之智。

"善知识！一切般若知识，都是从自性中生发出来的，而不是从外在附加进去的。千万不能体会错了用心和含意，才能称为体用真正的自我本性。以此本性真实不虚，则观一切万法皆是真实不虚。转迷开悟的大事，不能用空心静坐这些小道来获得。嘴上不要整天说空而心中不修行体认。就好比平头百姓称自己为王，但他终究成不了王，这种人不属于我的弟子。

"善知识！什么叫作般若？般若，汉语就是智慧的意思。在在处处，时时刻刻，心心念念都不痴迷愚昧，而能常起用智慧观照，这就是修行般若。任何一个念头转入迷愚，般若智慧便立刻灭绝，一个念头开悟，般若智慧又立刻生起。世上的人愚迷不悟，都无法体认般若智慧。嘴上谈论着般若，心中却时时愚迷不悟。常常自己称自己在修行般若，但时时都说空且执着于空，而不能识见真空。般若智慧没有形态相状，人的智慧之心就是般若，如果作这样的理解，就是般若智慧。

"什么是波罗蜜？这是印度语，汉语意思是到彼岸，解释它的意思就是离生死。执着于外境一切事物现象，就会产生生灭的心念，如同水生起了波浪，这种情形称为此岸；不执着于外境一切事物现象，就无生灭，如同通流无碍的水一样自然，这称为彼岸，所以叫波罗蜜。

"善知识！愚迷不悟的人口中念诵的时候，就产生了妄念和是非之心。如果时时刻刻能够心行，就称为不妄不变的真性。悟到的这个法就是般若法，修这个法的就是般若行。不修就是凡夫俗子，一念修行，自身就与佛等同无异。

"善知识！凡夫俗子就是佛，烦恼就是菩提，二者本无差别。前一念痴迷愚昧则就是凡夫，后一念转迷得悟则当下就是佛。前一念执着于外境则就是烦恼，后一念超离外境则当下是佛。

"善知识！摩诃般若波罗蜜，最尊最上最第一，无住无往亦无来①，三世诸佛从中出②。当用大智慧③，打破五蕴烦恼尘劳④，如此修行，定成佛道⑤，变三毒为戒定慧⑥。

"善知识！我此法门⑦，从一般若生八万四千智慧⑧。何以故？为世人有八万四千尘劳。若无尘劳，智慧常现，不离自性。悟此法者，即是无念⑨。无忆无著，不起诳妄，用自真如性⑩，以智慧观照，于一切法，不取不舍，即是见性成佛道。

"善知识！若欲入甚深法界及般若三昧者⑪，须修般若行，持诵《金刚般若经》⑫，即得见性。

【注释】

①无住：指无固定之实体；或指心不执着于一定对象，不失其自由无碍之作用者，又称"不住"。法无自性，无自性故，无所住着，随缘而生。住，意为住着之所。

②三世诸佛：三世为过去世、现在世、未来世，三世诸佛即过去、现在、未来等三世之众多诸佛，统称"全宇宙中之诸佛"。又作"一切诸佛"、"十方佛"、"三世佛"。在佛教成立的当时，释迦牟尼佛称为"现在佛"，在释迦牟尼佛以前的一切佛称为"过去佛"，在释

迦牟尼佛以后成佛的称为"未来佛"。统指出现于三世的一
切佛。

③当用大智慧：法海系《坛经》作"将大智慧到彼岸"，即"摩诃般若
波罗蜜"的完整意义。

④尘劳：为"烦恼"的异称。贪嗔等烦恼，能染污心，犹如尘垢能使
身心劳惫，谓为"尘劳"。

⑤如此修行，定成佛道：惠昕系《坛经》与之大同，法海系《坛经》则
作"最上第一赞最上最上乘法，修行定成佛，无去无住无来往，是
定慧等，不染一切法，三世诸佛从中"。由此可见，这几句话是围
绕着作为法要内容的"摩诃般若波罗蜜法"来进行说明的，具有
强调的意味。

⑥三毒：指"贪、嗔、痴"三种烦恼。贪是贪爱五欲，嗔是嗔恚无忍，
痴是愚痴无明，一切烦恼本通称为"毒"，然此三种烦恼，系毒害
众生出世善心中之最甚者，故特称"三毒"。为根本烦恼之首。
贪毒引起无厌之心，嗔毒引起恚忿之心，痴毒引起迷暗之心。

⑦法门：即佛法、教法。佛所说，而作为世间之准则者，称为"法"；
此法既为众圣入道的通处，又为如来圣者游履之处，故称为
"门"。

⑧八万四千：印度人常以八万四千来说明数量之多，如《法华经》
云："火灭以后，收取舍利，作八万四千宝瓶，以起八万四千塔。"
《大智度论》云："八万四千官属，亦各得倒。"

⑨无念：即无妄念之意，"正念"的异名，指意识没存有世俗的忆想
分别，而符合真如之念。

⑩真如：真实而永远不变者，故称之为"真如"。真，真实不虚妄之
意。如，不变其性之意，即指遍布于宇宙中真实的本体，为一切
万有之根源。又作"如如"、"如实"、"法界"、"法性"、"实际"、"实
相"、"如来藏"、"法身"、"佛性"、"自性清净身"、"一心"、"不思议

界"。

⑪般若三昧:得到智慧的正定功夫。

⑫持诵:受持读诵经典或真言。

【译文】

"善知识! 摩诃般若波罗蜜,最尊贵,最至上,最第一位,它随缘而起,无来无往。过去世、现在世、未来世,三世诸佛,都是从这里产生的。应当运用这个大智慧,破斥消除人的烦恼,这样来修行,一定能成就佛道,将贪、嗔、痴三毒转化为戒、定、慧三学。

"善知识! 我这个法门,能由这个无上般若智慧生出八万四千智慧。这是什么原因呢? 由于世上的人原本有八万四千烦恼。如果没有烦恼,智慧时常显现,就不离自我本性。悟到了这个法门,就是正念。不迷恋,不执着,不产生狂妄之心,运用自己本具佛性,以智慧审视观察,对于一切事物现象,不执着,不舍弃,就是明心见性,成就佛道。

"善知识! 如果要想深入研究佛法和般若三昧,必须修行般若,奉持念诵《金刚般若波罗蜜经》,就能明白本心,体见本性。

"当知此经功德①,无量无边。经中分明赞叹,莫能具说②。此法门是最上乘,为大智人说,为上根人说。小根小智人闻,心生不信。何以故? 譬如天龙下雨于阎浮提③,城邑聚落④,悉皆漂流,如漂枣叶。若雨大海,不增不减。若大乘人,若最上乘人,闻说《金刚经》,心开悟解,故知本性自有般若之智,自用智慧,常观照故,不假文字⑤。譬如雨水,不从天有,元是龙能兴致⑥,令一切众生、一切草木、有情无情,悉皆蒙润。百川众流,却入大海,合为一体⑦。众生本性般若之智,亦复如是。

"善知识！小根之人，闻此顿教，犹如草木根性小者，若被大雨，悉皆自倒，不能增长。小根之人，亦复如是。元有般若之智，与大智人更无差别，因何闻法不自开悟？缘邪见障重⑧，烦恼根深，犹如大云覆盖于日，不得风吹，日光不现。般若之智亦无大小，为一切众生自心迷悟不同。迷心外见，修行觅佛，未悟自性，即是小根；若开悟顿教，不执外修，但于自心常起正见⑨，烦恼尘劳，常不能染，即是见性。

"善知识！内外不住，去来自由，能除执心⑩，通达无碍⑪。能修此行，与般若经本无差别⑫。

"善知识！一切修多罗及诸文字⑬，大小二乘⑭，十二部经⑮，皆因人置，因智慧性，方能建立。若无世人，一切万法本自不有。故知万法本自人兴，一切经书，因人说有。缘其人中有愚有智，愚为小人，智为大人。愚者问于智人，智者与愚人说法，愚人忽然悟解心开，即与智人无别。

【注释】

①功德：意指功能福德，亦谓行善所获的果报，所以《胜鬘宝窟》云："恶尽曰功，善满称德。又德者得也，修功所得，故名功德也。"

②具说：具体地详细述说。在《金刚经》中有："须菩提，一切诸佛及诸佛阿耨多罗三藐三菩提法，皆从此经出。"又云："若善男子、善女人，于此经中，乃至受持四句偈等，为他人说。而此福德胜前福德。"又云："若复有人，得闻是经，信心清净，即生实相，当知是人成就第一稀有功德。"又云："若有善男子、善女人，能于此经受持读诵，即为如来以佛智慧，悉知是人，悉见是人，皆得成就无量无边功德。"又云："是经有不可思议、不可称量、无边功德。"又

云:"若善男子、善女人,于末后世,有受持读诵此经,所得功德,我若具说者,或有人闻,心则狂乱,狐疑不信。须菩提,当知是经义不可思议,果报亦不可思议。"

③阎浮提:梵文为 Jambudvipa,又旧译为"阎浮提鞞波"、"阎浮提"、"琰浮洲",新译为"赡部洲",此洲在印度人所谓世界中心的须弥山之南。此洲之中心,有阎浮树之林,故以为洲名。又属于南方,故曰"南阎浮"。《智度论》三十五曰:"如阎浮提者,阎浮树名,其林茂盛,此树在林中最大,提名为洲。""阎浮提"一名原本系指印度之地,不过后来则泛指人间世界,就是我们现在所住的娑婆世界。阎浮,是树的名称。提,是洲的意思。

④城邑聚落:城即城郭,邑即都邑,聚落即更小的村落里舍,均为人们的居所。

⑤不假文字:其意并非不要、不用或脱离文字,而主要是指世人的自性般若并非因为文字的缘故而本无今有,而是本来就有的。

⑥"不从"二句:法海系《坛经》之斯坦因本作"不从无有,元是龙王于江海中将身引此水",惠昕系《坛经》多作"不从天有,元是龙(能兴致)"。其中的"天"和"龙"正是宗宝本《坛经》在前文中所提及的"譬如天龙下雨于阎浮提"中的"天龙"的来源,而此"天龙"在其他诸本中均作"大龙"。

⑦合为一体:即从大海中来的雨水又回归大海,与前文中的"不增不减"具有异曲同工之妙。

⑧障:又作"碍",全称"障碍"、"覆蔽"的意思,指障害涅槃、菩提,遮害出离的烦恼,是"烦恼"的异名。

⑨正见:指八正道(正见、正思惟、正语、正业、正命、正精进、正念、正定)之一,一般是指离诸邪迷颠倒之正观。《胜鬘经》云:"非颠倒见,是名正见。"

⑩执心:对事物名理的执着之心。

⑪通达：即贯通于理事而无壅滞。

⑫般若经：说般若波罗蜜之理的经典总名。旧译"般若波罗蜜经"，新译为"般若波罗蜜多经"，有数十部。

⑬修多罗：梵文为 Sūtra，所指内容主要有二：一为一切佛法之总称。二则特指九分教或十二分教中之第一类，此时又意译为"契经"、"正经"、"贯经"。其本意指由线与纽串连花簇，引申为能贯穿前后法语、法意使不散失者。亦即契于理、合于机，贯穿法相摄持所化之义。就文体与内容而言，佛陀所说之教法，凡属直说之长行者，都属于修多罗。

⑭大小二乘：一曰大乘，二曰小乘。大乘乃针对大根人所设之乘，小乘者，针对小根人所设之乘。大乘是菩萨的法门，以救世利他为宗旨；小乘是声闻、缘觉的法门，以修身自利为宗旨。若从经藏里的经本分之，四部《阿含经》等罗汉系经典为小乘，《法华》、《涅槃》、《华严》等菩萨系经典为大乘。小乘佛教在斯里兰卡等地比较流行，大乘佛教在中国、韩国、日本等地比较盛行。

⑮十二部经：佛陀所说教法依其叙述形式与内容分成之十二种类，又作"十二分教"、"十二分圣教"、"十二分经"，乃指佛经体例上的十二种类别。有偈云："长行重颂并孤起，譬喻因缘与自说，本事本生未曾有，方广论议及授记。"长行部就是经文一行一行的长文。重颂部则将长行的义理，用偈颂方式重新说一遍。孤起部即单孤的偈颂，与前后经文没有关系。譬喻部是用比方的方式来说明经文的义理。因缘部则重在叙述某种事发生的因缘。自说部是指平时有人请法，佛才说法，无人请法，而佛自说的经典，如《阿弥陀经》。本事部为菩萨罗汉在因地所行的事迹。本生部则是记录佛说过去弘法利生的经历。未曾有部是从来没有见过的神通变化。方广部就是方正广大的经，有圆融无碍的境界。论议部是佛弟子研究经律的报告，或者佛与弟子讨论的记

录。授记部主要记录佛给菩萨授记,何时成佛、在何净土等等的
预言。在中国佛教中,十二部经泛指一切佛典。

【译文】

"要知道这部经的功德,是无量无边的。经中有对此赞叹的内容,
说得明明白白,这里不再一一细说。这个法门是最上乘的,是专为有大
智慧的人说的,是为上等根器的人说的。小根器禀性、小智慧的人听
了,心中反会生出不信。这是什么缘故呢? 比如天龙降大雨在我们居
住的这个世界,城池村落,全部会被雨水冲垮,如同树叶一般随波漂流。
如果大雨是落在大海之中,则大海不会有丝毫增减损益。像大乘根器
的人,像最上乘根器的人,听到《金刚经》就会开悟。所以我们知道本性
中原本就含有般若智慧,自己运用智慧,时常审视观察,遍照明了一切,
不需要借助任何文字。好比雨水,并不是天上本有才下落于世,而是龙
能兴云致雨,使一切众生,一切草木,有情和无情,都蒙受润泽。一切河
流,都归大海,合为一个整体。众生本性的般若智慧,也是这样。

"善知识! 小根器禀性的人,听说了顿教教法,如同根浅枝弱的草
木,一旦被大雨冲刷,全部自己倒伏在地,不能再生长了。小根器的人
也是如此。原本具有般若智慧,与大根器大智慧的人,别无二样,为什
么听说佛法却不能自己开悟呢? 只因为错误的见解障碍深重,烦恼根
植于心中太深,好像浓重的乌云遮蔽了太阳,又得不到风的吹动,阳光
无法显现出来。般若智慧也是没有大小之分的,只是因为一切众生自
己心中迷障和开悟的程度不一样。愚迷的人只见心外,向外求法,苦觅
佛道,没有悟得自我本性,这就是小根器小禀性的人;如果顿悟法门,不
用心外修行,只要自我本心中时常升起正确见地,一切烦恼不能浸染,
这就是认识自我本性。

"善知识! 对内境和外境都不能执着,来去自由,能够去除执着之
心,就能通达而无阻碍。能够如此修行,所达到的境界就和《般若经》所
说的无差别。

　　"善知识！一切经典和文字，大乘小乘经典，十二部经，都是因为人而设置的，因为人本自具有智慧之性，所以佛法能够建立。如果没有世人，一切事物和现象原本也都不能呈现。由此可知一切事物现象原本是由人所兴现的，一切经文佛典，因人讲说而存在，为人而设。由于世界上的人中有愚迷的，也有智慧的，愚迷的是小根器的人，智慧的是大根器的人。愚迷的人向智慧的人请教，智慧的人给愚迷的人说法，愚迷的人忽然开解得悟，随即他的境界就与智慧的人没有差别了。

　　"善知识！不悟即佛是众生；一念悟时，众生是佛。故知万法尽在自心，何不从自心中，顿见真如本性？

　　"《菩萨戒经》云①：'我本元自性清净。'若识自心见性，皆成佛道。《净名经》云②：'即时豁然，还得本心。'

　　"善知识！我于忍和尚处，一闻言下便悟，顿见真如本性。是以将此教法流行，令学道者顿悟菩提，各自观心，自见本性。若自不悟，须觅大善知识，解最上乘法者③，直示正路。是善知识有大因缘④，所谓化导令得见性。一切善法⑤，因善知识能发起故。三世诸佛，十二部经，在人性中本自具有，不能自悟，须求善知识，指示方见。若自悟者，不假外求。若一向执谓须他善知识方得解脱者，无有是处。何以故？自心内有知识自悟⑥。若起邪迷，妄念颠倒⑦，外善知识虽有教授，救不可得。若起正真般若观照，一刹那间，妄念俱灭。若识自性，一悟即至佛地⑧。

　　"善知识！智慧观照，内外明彻，识自本心。若识本心，即本解脱。若得解脱，即是般若三昧，即是无念。何名无念？若见一切法，心不染著，是为无念。用即遍一切处，亦不著一切处。但净本心，使六识出六门^⑨，于六尘中无染无杂^⑩，来去自由，通用无滞，即是般若三昧，自在解脱，名无念行。若百物不思，当令念绝，即是法缚，即名边见^⑪。

【注释】

①《菩萨戒经》：佛教戒律书。姚秦鸠摩罗什译《梵网经·菩萨心地戒品第十》，分为两卷，题曰"梵网经卢舍那佛说菩萨心地戒品第十"。后于此下卷之中、偈颂之后，所说之戒相，别录为一卷，以便后人受持诵读，天台智者大师称之为"菩萨戒经"。此经主要讲述大乘佛教的"十重戒"和"四十八轻戒"。下文"我本元自性清净"在经文中作"戒本元自性清净"。

②《净名经》：又名"维摩诘经"、"不可思议解脱经"、"无垢称经"等，是大乘佛教的早期经典之一，因为此经的主人公为维摩诘居士而得名。维摩诘是梵文 Vimalakīrti 的音译，又译为"维摩罗诘"、"毗摩罗诘"，略称"维摩"或"维摩诘"。意译为"净名"、"无垢称"，意思是洁净的名字、没有染污的名称。维摩诘是一位在家的大乘佛教居士，是著名的在家菩萨。据《维摩诘经》所讲，维摩诘是古印度毗舍离地方的一位富翁，家有万贯，奴婢成群。但是，他勤于攻读，虔诚修行，能够处相而不住相，对境而不生境，得圣果成就，被称为大菩萨。这位大菩萨早已成佛，号"金粟如来"。他才智超群，享尽人间富贵，又善论佛法，深得佛祖尊重。该经旨在宣传大乘般若空观，批评小乘的片面性，弹偏斥小，叹大褒圆。该经自传入中国后被数度重翻，深受中国教内外人士的喜爱，对于大乘佛教在中国的流行以及中国文化发展具有深刻的影响。唐代著名诗人王维即以"摩诘"为字。禅宗六祖惠能不仅依据其"即时豁然，还得本心"之说论证自性顿悟的经典根据，而且根据其"心净则佛土净"对"出世不离入世"的人间净土

思想进行论证,据此可见其对中国禅宗尤其是惠能南宗的影响之大。

③解最上乘法者:指懂得禅宗教义的人。

④因缘:为"因"与"缘"之并称。因,指引生结果之直接内在原因。缘,指由外来相助之间接原因。凡一事一物之生,本身的因素叫做"因",旁助的因素叫做"缘"。例如稻谷,种子为因,泥土、雨露、空气、阳光、肥料等为缘,由此种种因缘和合而稻谷得以生长。

⑤善法:为"恶法"之对称,指合乎善的一切道理,即指五戒、十善、三学、六度。

⑥自心内有知识自悟:法海系《坛经》作"识自心内善知识,即得解脱"。故知"知识"即"善知识"之略称,"自心内有知识自悟"便是说,自心自悟便可成就自心中本来就有的善知识。

⑦妄念:指虚妄的心念,即无明或迷妄的执念。因凡夫之迷心不知一切法的真实义,遍计构画颠倒而产生错误的思考。据大乘起信论载,妄念能搅动平等之真如海,而现出万象差别之波浪,若能远离,则得入觉悟之境界。

⑧佛地:即佛所达到的境地。按照佛教经典,如果要达到佛陀的境地需要经过不同的修行阶段,故有十地之说。不过不同的经典或宗派对十地的命名或含义有所区别,如法相宗即释《华严》十地为:欢喜地(菩萨至此位,舍离无始以来的异生性,初得圣性,具证人法二空理,能利益自他而生大喜)、离垢地(菩萨至此位,圆具净戒,远离烦恼垢)、发光地(菩萨至此位,成就胜定、大法、总持,发无边妙慧光)、焰慧地(菩萨至此位安住最胜菩提分法,烧烦恼薪,增智慧焰)、难胜地(菩萨至此位,能令行相互违之真俗二智互合相应)、现前地(菩萨至此位,住缘起智,进而引发染净无分别的最胜智现前)、远行地(菩萨至此位,修行进入无相

行,远离世间及二乘的有相有功用),不动地(菩萨至此位,无分别智相续任运,不被相、用、烦恼等所动),善慧地(菩萨至此位,成就微妙四无碍辩,普遍十方,善说法门),法云地(菩萨至此位,大法智云含众德水,如虚空覆隐无边二障,使无量功德充满法身)。

⑨六识:指眼、耳、鼻、舌、身、意等六种认识作用,即以眼、耳、鼻、舌、身、意等六根为依,对色(显色与形色)、声、香、味、触、法(概念及直感的对象)等六境,产生见、闻、嗅、味、触、知等了别作用的眼识、耳识、鼻识、舌识、身识、意识等。识、境、根三者必须同时存在。六门:眼、耳、鼻、舌、身、意六根也叫"六门"。"六识"在法海系《坛经》中作"六贼","六贼"一般作"六尘"理解,具体解释见下注。

⑩六尘:指色尘、声尘、香尘、味尘、触尘、法尘等六境,又作"外尘"、"六贼"。众生以"六识"缘"六境"而遍污"六根",能昏昧真性,故称为"尘"。此六尘在心之外,故称"外尘"。此六尘犹如盗贼,能劫夺一切善法,故称"六贼"。

⑪边见:"五见"(身见、边见、邪见、见取见、戒禁取见)之一,一般指偏于一边、不合中道、执断执常的见解。

【译文】

"善知识! 不得开悟时,佛就是众生;一念得悟时,众生都是佛。由此可知,一切都存在于自我本心之中,为什么不从自我本心中当下得悟识见真如本心呢?

"《菩萨戒经》中说:'自己的本性原来就是清净的。'如果识见本心,明见心性,都能成就佛道。《净名经》说:'当下豁然开悟,就能够得以识见本心。'

"善知识! 我在弘忍大和尚那里,一听到佛法便开悟,顿悟识见真如本性。故而我将这顿教教法流布行化,让学道的人都开悟顿见佛法的无上智慧,各自观照本心,识见本性。如果自己不能开悟,必须找寻大的善知识,找寻能理解最上乘佛法的人,直接指示正确的开悟之路。作为善知识,他们都与佛法有很大的因缘,通过所谓的教化和引导,令人得见自我本性。一切正确的道理,都是由于善知识们发起流布的。过去、现在和未来的一切佛,十二部经,在人的本性中是本来具备的,如果不能自我开悟,必须求助于善知识,通过他们的指导开示识见本心。如果能够自我开悟,是不需求助于外力的。如果总是执着,声称必须依赖别的善知识,才能得到解脱,这样一点不正确。这是什么缘故?是因为自己心中原本具足成就善知识的潜能,只要自己开悟便能实现。如果自我生起邪见愚迷,被虚妄心念颠倒,外在的善知识尽管有所教导指授,也不可能救得了你。如果生起真正的般若智慧进行观照,瞬间刹那,虚妄心念全部寂灭。如果识见自我本性,一下开悟便达到佛的境地。

　　"善知识! 运用智慧观察映照,心内心外通明透彻,识见自我本心。如果识见自我本心,就是根本解脱。如果得到解脱,就是般若三昧,就是无念。什么叫做无念? 如果识见一切事物现象,本心不执着、不被染污,就叫做无念。运用时能遍及一切地方处所,又不执着于任何一处。只要使本心清净无染,使眼识、耳识、鼻识、舌识、身识、意识六识从眼、耳、鼻、舌、身、意六门中空去,在色、声、香、味、触、法六尘中不被浸染,不被扰杂,来去自由,运用通达无所滞碍,就是般若三昧,就是解脱得大自在,称之为无念修行。如果任何事物都不思虑,一任心念绝灭,又是执着于法,为法所缚了,这叫作偏于一边的恶见,落于片面了。

　　"善知识! 悟无念法者,万法尽通;悟无念法者,见诸佛境界;悟无念法者,至佛地位。

　　"善知识! 后代得吾法者,将此顿教法门,于同见同行,发愿受持①,如事佛故,终身而不退者,定入圣位②。然须传授从上以来默传分付③，不得匿其正法。若不同见同行，在别法中，不得传付，损彼前人，究竟无益。恐愚人不解，谤此法门，百劫千生，断佛种性④。

"善知识！吾有一无相颂⑤，各须诵取。在家出家，但依此修。若不自修，惟记吾言，亦无有益。听吾颂。"曰：

说通及心通⑥，如日处虚空；
唯传见性法，出世破邪宗。
法即无顿渐，迷悟有迟疾；
只此见性门，愚人不可悉。
说即虽万般，合理还归一；
烦恼暗宅中，常须生慧日。
邪来烦恼至，正来烦恼除；
邪正俱不用，清净至无余。
菩提本自性，起心即是妄⑦；
净心在妄中，但正无三障⑧。
世人若修道，一切尽不妨；
常自见己过，与道即相当。
色类自有道⑨，各不相妨恼；
离道别觅道，终身不见道。
波波度一生，到头还自懊；
欲得见真道，行正即是道。
自若无道心，暗行不见道；
若真修道人，不见世间过。
若见他人非，自非却是左；

他非我不非，我非自有过。

但自却非心，打除烦恼破；

憎爱不关心，长伸两脚卧。

欲拟化他人，自须有方便；

勿令彼有疑，即是自性现。

佛法在世间，不离世间觉[10]；

离世觅菩提，恰如求兔角。

正见名出世，邪见是世间；

邪正尽打却，菩提性宛然。

此颂是顿教，亦名大法船；

迷闻经累劫，悟则刹那间。

　　师复曰："今于大梵寺说此顿教，普愿法界众生言下见性成佛。"时韦使君与官僚、道俗闻师所说，无不省悟。一时作礼，皆叹："善哉！何期岭南有佛出世！"

【注释】

①发愿：又作"发大愿"、"发愿心"、"发志愿"、"发无上愿"，发起誓愿的意思。受持：指受者以信力领受于心，持者以念力忆而不忘。

②圣位：三乘人证得菩提之果位，指断尽见惑之初果圣者。

③默传：即"默传心印"。于禅宗，师家教导弟子不以言语或文字直言明示，而以心传心，令其自悟佛法奥义，见性成佛。默，指知解，并非是"绝无一言"。

④断佛种性：断绝佛性，永远不能成佛。值得注意的是，前文曾指出佛性非常非无常，这里的"断佛种性"当非真断，而作为激发愚

人开悟的方式来理解。

⑤无相:为"有相"的对称,即无形相的意思。于一切相,离一切相,即是无相。因为涅槃超离一切虚妄之相,所以"无相"也是"涅槃"的别名。

⑥说通及心通:说通,即通过言说的方式通达真如法性;心通,即宗通,即通过内在的证悟实现诸佛的境界。说通与宗通之说见于《楞伽经》,其中有云:"尔时大慧菩萨复白佛言:'世尊,唯愿为我及诸菩萨说宗通相。若善分别宗通相者,我及诸菩萨通达是相。通是相已,速成阿耨多罗三藐三菩提,不随觉想及众魔外道。'佛告大慧:'谛听谛听,善思念之,当为汝说。'大慧白佛言:'唯,然受教。'佛告大慧:'一切声闻、缘觉、菩萨有二种通相:谓宗通与说通。大慧,宗通者,谓自得胜进相,远离言说文字妄想,趣无漏界自觉地自相。远离一切妄想觉想,降伏一切外道众魔,缘自觉趣光明晖发,是名宗通相。云何说通相? 谓说九部种种教法,离异不异、有无等相,以巧方便,随顺众生,如应说法,令得解脱,是名说通相。大慧,汝及余菩萨应当修学。'"

⑦起心:即生起追逐名相之心。

⑧三障:三种妨碍圣道成立的障碍,又作"三重障"。此三障为:一、烦恼障,如贪欲、愚痴等。二、业障,如五逆、十恶等。三、报障或异熟障,如地狱、饿鬼、畜生等。

⑨色类:有各种物质形体的众生,一般指世间的一切人。

⑩佛法在世间,不离世间觉:此句集中体现了惠能禅宗重视在现实社会中实现自性觉悟的特点,为惠能禅进一步融入社会人生提供了理论支持,为近代以来展开的人生佛教及人间佛教运动提供了思想资源。

【译文】

"善知识! 领悟了无念法门的人,就通达了一切法;领悟了无念法门的人，就识见佛的境界；领悟了无念法门的人，就达到了佛的果位。

"善知识！后代得到我所授法门的人，需要将这顿教法门，和与他见地相同、立志同修的人，一起发起誓愿领受护持，如同奉礼敬佛一样，一生不消退信力，因这个缘故，必定能达到佛的圣位。然而必须传付指授从佛祖以来的以心传心的默传教法，不得隐匿宗门正法。如果不与见地相同、行法相同的人一起同修，在信奉外教的人之中，不可传法付嘱，这样对先圣前贤有损，终究是没有好处的。因为害怕愚昧痴妄的人不能理解，反会毁谤这个法门，这样的人就会百劫千生永远断了佛性的种子，不能成佛了。

"善知识！我有一个无相颂，大家各自都要念诵记取。无论在家居士还是出家僧人，须依照这个颂去修。如果自己不此修行，仅仅是记住我的话，也是没有用处的。诸位听我的颂。"颂词说：

> 说通及心通，如日处虚空；
> 唯传见性法，出世破邪宗。
> 法即无顿渐，迷悟有迟疾；
> 只此见性门，愚人不可悉。
> 说即虽万般，合理还归一；
> 烦恼暗宅中，常须生慧日。
> 邪来烦恼至，正来烦恼除；
> 邪正俱不用，清净至无余。
> 菩提本自性，起心即是妄；
> 净心在妄中，但正无三障。
> 世人若修道，一切尽不妨；
> 常自见己过，与道即相当。
> 色类自有道，各不相妨恼；
> 离道别觅道，终身不见道。
> 波波度一生，到头还自懊；

欲得见真道，行正即是道。

自若无道心，暗行不见道；

若真修道人，不见世间过。

若见他人非，自非却是左；

他非我不非，我非自有过。

但自却非心，打除烦恼破；

憎爱不关心，长伸两脚卧。

欲拟化他人，自须有方便；

勿令破有疑，即是自性现。

佛法在世间，不离世间觉；

离世觅菩提，恰如求兔角。

正见名出世，邪见是世间；

邪正尽打却，菩提性宛然。

此颂是顿教，亦名大法船；

迷闻经累劫，悟则刹那间。

　　大师又说："今天在大梵寺所说的这个顿教教法，衷心愿望普天下的众生听闻之后能明心见性，成就佛道。"当时韦刺史与官员们、僧人和在家俗众听了大师所讲，没有不觉悟明白的。当时都向惠能大师行礼致敬，都感叹道："太好了！谁料想岭南这个地方有真佛出现了！"

疑问品第三

【题解】

本品通过韦刺史向惠能大师提出疑问的方式,比较详尽地阐述了惠能禅宗认为何为"功德"和"净土"的看法。关于惠能大师对"功德"的观点,其特别强调"见性是功,平等是德"、"内心谦下是功,外行于礼是德"、"不离自性是功,应用无染是德"等,并同时指明了如果怀有世俗功利目的的行为和举措,即使规模范围再浩大,也非解脱层面的真功德,而是一种执着攀缘的求福行为,所谓"功德须自性内见,不是布施供养之所求也"。关于对"净土"的观点,则惠能大师针对韦刺史对于念佛是否可以往生西方极乐世界的疑问,反问其"东方人造罪,念佛求生西方;西方人造罪,念佛求生何国"?强调心中自有净土田地,从而突出了"心净则佛土净"的自性净土思想。除此之外,惠能大师还通过譬喻和进一步的解说欲使众生体悟到佛向性中作,莫向身外求,成佛的唯一方法就是见性,念念见性则西方就在眼前。

一日①,韦刺史为师设大会斋②。斋讫,刺史请师升座,同官僚士庶肃容再拜③,问曰:"弟子闻和尚说法,实不可思议。今有少疑,愿大慈悲,特为解说。"

师曰:"有疑即问,吾当为说。"

韦公曰："和尚所说,可不是达摩大师宗旨乎?"

师曰："是。"

公曰："弟子闻达摩初化梁武帝④,帝问云:'朕一生造寺度僧,布施设斋⑤,有何功德⑥?'达摩言:'实无功德⑦。'弟子未达此理,愿和尚为说。"

师曰："实无功德,勿疑先圣之言。武帝心邪,不知正法。造寺度僧,布施设斋,名为求福⑧,不可将福便为功德。功德在法身中⑨,不在修福。"

师又曰："见性是功,平等是德。念念无滞,常见本性,真实妙用,名为功德。内心谦下是功,外行于礼是德。自性建立万法是功,心体离念是德。不离自性是功,应用无染是德。若觅功德法身,但依此作,是真功德。若修功德之人,心即不轻,常行普敬。心常轻人,吾我不断,即自无功。自性虚妄不实,即自无德。为吾我自大,常轻一切故。善知识! 念念无间是功,心行平直是德。自修性是功,自修身是德。善知识! 功德须自性内见,不是布施供养之所求也,是以福德与功德别。武帝不识真理,非我祖师有过。"

【注释】

①一日:法海系《坛经》无此类似"一日"的时间短语,惠昕系《坛经》作"尔时",契嵩系《坛经》作"次日"。清代重刻契嵩系《坛经》的王起隆认为宗宝系《坛经》中的"一日"一语有将整个"大梵寺说法传戒"割裂的嫌疑。

②大会斋:在大法会中兼用斋饭。

③士庶:士族和庶族。这里指广大信众。

④梁武帝(464—549)：南兰陵(今江苏常州)人，姓萧名衍，字叔达。在位期间，笃信佛教，有"皇帝菩萨"之称。天监十八年(519)，从钟山草堂寺慧约受菩萨戒；当时名僧僧伽婆罗、法宠、僧迁、僧旻、法云、慧超、明彻等，皆受其礼敬，并在建康建了大寺七百余所，僧尼讲众常聚万人。武帝一生精研佛教教理，固持戒律，四次舍身同泰寺，自讲涅槃、般若、三慧等经；著有《涅槃经》、《大品经》、《净名经》、《三慧经》等之义记数百卷。后因侯景起兵反叛，攻陷建康，于太清三年(549)饿死于台城。在位四十八年，世寿八十六。

⑤造寺度僧，布施设斋：《菩提达摩南宗定是非论》中作"造寺度人，造像写经"，《历代法宝记》中作"造寺度人，写经铸像"，法海系《坛经》作"造寺布施供养"，惠昕系《坛经》作"造寺供养，布施设斋"，大同小异。造寺即修造寺庙。度人即救度世人或度人为僧。造像即铸造或塑造佛教人物的形象。写经即书写佛教经典。供养，一般指奉献香花灯明饮食资财等物资养佛法僧三宝。布施即以慈悲心而施福利于人的意思，为"六波罗蜜"之一，再加上法施、无畏施二者，则扩大了布施的意义。亦即认为布施为施予他人以财物、体力、智慧等，为他人造福成智而求得累积功德，以致解脱的一种修行方法。

⑥功德：一般来说，功德既包括造寺、布施、设斋、造像、写经、读诵、讲解等有漏的行为，也包括断除烦恼、圆满智慧等清净行，同时还指因这些行为所导致的相应果报，因果相依故。有漏的行为必定可得有漏的果报这是无疑问的。但是，有漏的行为得到有漏的果报的层次，以及是否能得到清净的行为所导致的果报，这在许多佛教经典里并没有明确的说明，梁武帝之问当是想知道凭借自己的行为能够得到什么层次的果报。

⑦实无功德：达摩给梁武帝来了一个逆向思维、釜底抽薪，认为梁

武帝的所作所为根本没有任何功德,大体是根据《金刚经》中关于菩萨布施供养等"应无所住"的看法而来,其云:"须菩提! 菩萨于法应无所住行于布施,所谓不住色布施,不住声香味触法布施。须菩提! 菩萨应如是布施,不住于相。"

⑧名为求福:只能视为是在求福报。《历代法宝记》载达摩所言有云:"此乃有为之善,非真功德。"《景德传灯录》亦有类似的言说,达摩有云:"此但人天小果,有漏之因,如影随行,虽有非实。"惠能当是继承了达摩的这种说法,认为只有清净无住之行方可谓功德。

⑨功德在法身中:法身即人身心中所具有的佛性、菩提自性,此句即意为法身本具功德,功德应从人自身心中去求,在一定程度上将因果相依的功德论推向了内外相应、因果相即的功德论。

【译文】

一天,韦刺史为惠能大师举行大法会兼施斋饭。斋饭完毕后,刺史请大师登上讲坛开讲,自己同其他官员及广大信众,整肃仪容,两次庄重行礼致敬,问道:"弟子听大师说法,实在微妙,令人无法心思口议。现在还有一点疑问,希望大师慈悲为怀,特地为我解说开示。"

惠能大师说:"有疑惑就问吧,我自会给你解说。"

韦刺史说:"请问大师您所说的是达摩大师的宗旨吗?"

惠能大师回答:"是的。"

韦刺史说:"弟子听说,达摩大师最初度化梁武帝,武帝问:'我一生中建造寺庙,敕度僧人,布施舍予,广设斋会,这有什么样的功德?'达摩说:'实在是没什么功德。'弟子我不能理解这个道理,希望大师为我解说。"

惠能大师说:"实在是没什么功德的,请不要怀疑先圣前贤的话。梁武帝心中生起邪见,不能理解正法。建造寺庙,敕度僧人,布施舍予,广设斋会,这个叫作求获福报,却不可以把求福认为是功德。身具一切佛法,功德自存其中,而不在于行善求获福报。"

　　惠能大师又说:"明心见性就是功,平等无二就是德。每一刹那都无所滞碍,时常照见本心自性,真实不虚,发挥妙用,这就是功德。内心谦虚处下就是功,外行合乎于理就是德。自我本性合藏万法就是功,自心本体超离俗念妄想就是德。不离开自心本性是功,运用自心本性而无所浸染是德。如果寻求功德的本性,只要依照这些来做,就是真正的功德。如果是修功德的人,心中就不会产生轻视,而始终奉行广泛的敬心。心中时常轻视他人,自我的执见不能断灭,就自然是没有功的。自我心性如果虚妄不真实,就自然是没有德的。是因为一贯以自我为大,我执太重,时常轻视一切的缘故。善知识!时时刻刻,念念之间无有中断就是功,依平常心顺直而行就是德。自我修行本性是功,自我修行身行是德。善知识!功德必须在自心本性中识见,而不是通过布施舍予,供养奉侍来求得的,所以福德与功德是有区别的。梁武帝正是不能认识到这个真理,这并非是达摩祖师言行有错误。"

　　刺史又问曰:"弟子常见僧俗,念阿弥陀佛①,愿生西方②。请和尚说,得生彼否? 愿为破疑!"

　　师言:"使君善听,惠能与说。世尊在舍卫城中③,说西方引化④,经文分明,去此不远⑤。若论相说里数,有十万八千,即身中十恶八邪,便是说远⑥。说远为其下根,说近为其上智。

　　"人有两种,法无两般,迷悟有殊,见有迟疾。迷人念佛求生于彼;悟人自净其心。所以佛言:'随其心净即佛土净⑦。'

　　"使君东方人,但心净即无罪。虽西方人,心不净亦有愆⑧。东方人造罪,念佛求生西方;西方人造罪,念佛求生何国?

　　"凡愚不了自性,不识身中净土,愿东愿西;悟人在处一般。所以佛言:随所住处恒安乐。使君心地但无不善,西方去此不遥。若怀不善之心,念佛往生难到⑨。今劝善知识,先除十恶,即行十万;后除八邪,乃过八千。念念见性,常行平直,到如弹指,便睹弥陀⑩。"

【注释】

①阿弥陀佛:法海系《坛经》有作"阿弥大佛"者,惠昕系《坛经》有作"阿弥陀经"者。阿弥陀,意译"无量"。为西方极乐世界的教主。此佛光明无量、寿命无量,故又称"无量寿佛"。《阿弥陀经》又称《佛说阿弥陀经》,一卷,姚秦鸠摩罗什译,净土三部经(《无量寿经》、《观无量寿经》、《阿弥陀经》)之一。此经略说西方净土依正庄严等事,令人执持名号,一心不乱,即得往生。此经所摄,拣除小善根福德因缘,唯摄一类纯笃之机也。阿弥陀佛西方净土信仰是佛教净土信仰之一。佛教净土信仰中弥勒净土信仰要先于弥陀净土信仰而在中国流行。弥勒曾一度以"大佛"著称于世,所以法海系《坛经》有作"阿弥大佛"者当是两种信仰在现实社会转换中相互影响的结果;在弥陀信仰兴盛后,其修行方式多以持念"阿弥陀佛"名号为著名,而特别提倡此种修行方式者则是《阿弥陀经》,故而惠昕系《坛经》中作"阿弥陀经"亦有所据。

②西方:又称"西方极乐净土",略称"西方",即阿弥陀佛之极乐净土,指西方极乐世界。

③舍卫城:本来作为城名,后以为国号。其国本名为憍萨罗国,为别于南方之憍萨罗国,故以城名为国号。新作"室罗伐"、"室罗伐悉底"。由于此城多出名声之人,多生胜物,所以又译曰"闻

者"、"闻物"、"丰德"、"好道"等。又有别名曰"舍婆提城"、"尸罗跋提"、"舍罗婆悉帝夜城"。

④引化:即接引化度。

⑤经文分明,去此不远:由宗宝系《坛经》为主结合契嵩系《坛经》发展而来的入藏明代官刻大藏经中的短本《坛经》(只有大梵寺说法受戒内容)中明确指出此"经"即《观经》(《观无量寿经》),其相应的文字记为:"《观经》有云:阿弥陀佛去此不远。经文分明。"

⑥"若论相"四句:法海系《坛经》中无此句,另外,由宗宝系《坛经》为主结合契嵩系《坛经》发展而来的入藏明代官刻大藏经中的短本《坛经》(只有大梵寺说法受戒的内容)因为特别重视《观经》,所以这句话记作"若论相说,十万亿刹即人身中十恶等障"。十恶,即一杀生;二偷盗;三邪淫;四妄语;五两舌,即说离间语、破语;六恶口,即恶语、恶骂;七绮语,即杂秽语、非应语、散语、无义语。乃从染心所发者;八贪欲,即贪爱、贪取、悭贪;九嗔恚;十愚痴。八邪,即反于"八正道"者。一邪见、二邪思惟、三邪语、四邪业、五邪命、六邪方便、七邪念、八邪定。

⑦随其心净即佛土净:出自《维摩诘经》,意思是说心地清净便是佛国净土的根本和基础。

⑧愆:罪过。

⑨往生:向往于弥陀如来的极乐净土,谓之"往",化生于彼土莲花中,谓之"生"。谓命终时生于他方世界。通常又以"往生"为"死"之代用词。

⑩"念念见性"四句:法海系《坛经》作"但行真心,到如弹指",惠昕系《坛经》有作"念念见性,常行平直,到如弹指,便睹弥陀,能净能寂即是释迦,心起慈悲即是观音,常行喜舍名为势至"。相较而言,后来的版本更注重强调对内在切实的修行的进一步说明。

"便睹弥陀"即是说,这就是往生西方极乐世界的实质所指。

【译文】

韦刺史又问:"弟子常常看到出家人和在家人,口中念诵阿弥陀佛名号,希望往生西方。请大师讲讲,能够往生到那里吗? 希望大师为我们破斥疑惑。"

大师说:"韦刺史好好听着,惠能我向你解说。释迦牟尼当年在舍卫城里,说到接引度化到西方极乐世界时,经文中说得清楚明白,西方极乐世界离现世并不遥远。但如果论相状来说里数,则有十万八千里之远,若从自性上说,就是身心中有十恶八邪的障碍,所以说遥远不可及。说它远是针对根器下等的人而言,说它近则针对的是具有上等智慧的人。

"人固然有这两种之分,但佛法却没有这样的两种分别,只是因为愚迷和开悟的不同,所以识见本心就有快慢之别。愚迷的人称名念佛,祈求往生西方极乐;开悟的人则自我清净本心。所以佛说:'自我本心清净,也就是佛土清净。'

"韦刺史你是东方人,只要自心清净便没有罪业。尽管是西方人,若自心不清净也是有罪业的。东方人造罪业,还可以称名念佛祈求往生西方;西方人若造罪业,称名念佛又求往哪一方呢?

"凡夫愚迷不能了达自我本性,不能识见自身中存有净土,希望往生东方、往生西方;而了悟的人,在哪里都一样,别无二致。所以佛说:依随你所在的地方而保持恒久安乐。韦刺史心中只要没有不善之念,西方极乐世界就离此并不遥远。如果心中怀有不善之念,即使称名念佛也无法往生西方极乐。现在我奉劝诸位善知识,先消除十恶,那么你就已经行了十万里;再除去八邪,你就又过了八千里。时时刻刻明见本性,如常直了修行,到西方极乐世界便容易得有如弹指一挥间,便能够亲见阿弥陀佛。"

"使君但行十善①,何须更愿往生? 不断十恶之心,何佛即来迎请？若悟无生顿法，见西方只在刹那；不悟念佛求生，路遥如何得达②？惠能与诸人移西方于刹那间，目前便见，各愿见否？”

众皆顶礼云③："若此处见，何须更愿往生？愿和尚慈悲，便现西方，普令得见。"

师言："大众！世人自色身是城④，眼耳鼻舌是门。外有五门⑤，内有意门。心是地，性是王⑥。王居心地上，性在王在，性去王无。性在身心存，性去身心坏⑦。佛向性中作，莫向身外求。

"自性迷即是众生，自性觉即是佛。慈悲即是观音，喜舍名为势至⑧。能净即释迦，平直即弥陀⑨。

"人我是须弥⑩，邪心是海水，烦恼是波浪，毒害是恶龙，虚妄是鬼神，尘劳是鱼鳖，贪嗔是地狱⑪，愚痴是畜生。

"善知识！常行十善，天堂便至⑫；除人我，须弥倒；去邪心，海水竭；烦恼无，波浪灭；毒害除，鱼龙绝。自心地上觉性如来，放大光明，外照六门清净，能破六欲诸天⑬。自性内照，三毒即除⑭，地狱等罪，一时销灭，内外明彻，不异西方。不作此修，如何到彼？"

大众闻说，了然见性。悉皆礼拜，俱叹善哉！唱言："普愿法界众生，闻者一时悟解。"

【注释】

①十善：即"十善业"，又作"十戒"，与"十恶"相对，即一不杀生，二不偷盗，三不邪淫，四不妄言，五不两舌，六不恶口，七不绮语，八不悭贪，九不嗔恚，十不愚痴。其常与五戒连用作"五戒十善"，

比较集中地反映了佛教止恶扬善的伦理理念。

②"不悟"二句：法海系《坛经》作"不悟顿教大乘，念佛往生路遥，如何得达"，惠昕系《坛经》有作"不悟念佛，欲往路遥，如何得达"，由宗宝系《坛经》为主结合契嵩系《坛经》发展而来的入藏明代官刻大藏经的短本《坛经》(只有大梵寺说法受戒内容)中的明代北藏本《坛经》则作"不作念佛求生，路遥如何得达"。从"不悟"到"不作"的转换，从以心摄念到以念入心的变化，在一定程度上反映了禅宗与净土宗在历史中的合流情形。

③顶礼：即两膝、两肘及头着地，以头顶敬礼，承接所礼者双足。向佛像行礼，舒二掌过额、承空，以示接佛足。又叫作"头顶礼敬"、"头面礼足"、"头面礼"。其义同于"五体投地"、"接足礼"。印度最上之敬礼，以我所高者为顶，彼所卑者为足；以我所尊，敬彼所卑者。

④色身：指有形质之身，即肉身。由四大等色法所组成的肉身。反之，无形者称为"法身"，或"智身"。

⑤外有五门：即眼耳鼻舌及身五根。法海系《坛经》作"外有六门"，由宗宝系《坛经》为主结合契嵩系《坛经》发展而来的入藏明代官刻大藏经的短本《坛经》作"外有诸门"。

⑥心是地，性是王：惠能在此处对"心"与"性"作了一定的区分。其中的"性"，有人认为即是临济禅师所说的"无位真人"。太虚大师认为是"无漏智种起的现行般若"，即此心本具的无漏种子现行时与之俱生的般若智慧。烦恼生起时，即自性迷；般若智慧现行时，则自性觉。

⑦性在身心存，性去身心坏：若自性觉悟，则身心就呈现出了存在的意义；若自性迷失，则身心就沦丧了存在的价值。

⑧"慈悲"二句：慈悲喜舍即佛教所说的四无量心，依据《达摩多罗禅经》，其云："饶益众生说名慈心，除不饶益说名悲心。若先于

众生起饶益心,以种种乐具悉施与之,然后观众生,唯见受乐,是名慈心。若先观众生受无量苦,起除不饶益心,然后见众生除不饶益,除不饶益已,受种种乐,非与乐也,是名悲心。"又云:"见一切众生得法乐已,其心欢喜。其心欢喜则忧戚灭,忧戚灭已则一向欣悦,踊跃欢喜。"又云:"(舍)谓平等清净,离苦乐相。"观音、势至与阿弥陀佛常被视为"西方三圣",其中观音为阿弥陀佛的左胁侍,势至为阿弥陀佛的右胁侍,记载黄檗希运禅师语录的《传法心要》曾指出"观音当大慈,势至当大智"。观音,梵语为Avalokitevara,又作"光世音"、"观世音"、"观自在"等,取观察世人称念其名而垂救之或观照世界而自在拔苦为义。显教以观音为阿弥陀佛的弟子,密教则以观音为阿弥陀佛的化身。势至,梵语 Mahāsthūmaprāpta,音译"摩诃那钵",意译为"大势至"、"得大势"等,《观无量寿经》云:"以智慧光普照一切,令离三涂,得无上力,是故号此菩萨名大势至。"

⑨能净即释迦,平直即弥陀:能净、平直是《坛经》上文在论述修禅的过程中特别强调的两点,能净非无净而净,而是本净而净;平直非无直而直,而是本直而直。此处的"平直即弥陀"中的"弥陀"二字在法海系《坛经》中均作"弥勒"。

⑩人我是须弥:佛教认为世人由于自我的"我执"、"法执"造下了须弥山一般高的罪业,"人我是须弥"就是人我之执犹如高山障碍的正道。

⑪地狱:译为"不乐"、"可厌"、"苦具"、"苦器"、"无有"等,"六道"(天、阿修罗、人、畜生、饿鬼和地狱)中最苦的地方。其依处在地下,因谓之地狱。凡所处的地方,只有苦受而没有喜乐的环境,皆可比喻为地狱。

⑫天堂:又作"天宫",与"地狱"对称。指天众所住的天上宫殿,即善人死后,依其善业所至受福乐的处所。凡所处的地方,能有随

心享乐的环境,皆可比喻为天堂。

⑬六欲诸天:佛教有欲界、色界、无色界之三界说,其中在欲界有六重天,又称为"六欲天",分别谓之为:一、四王天(有持国、广目、增长、多闻四王,故名"四王天");二、忉利天,又云"三十三天",帝释天居在中央,其四方各有八天,故从天数而名为"三十三天";三、夜摩天,译言"善时分",此天之中时时畅快;四、兜率天,译为"喜足",于色声香味触所起之五欲之乐生喜足之心故;五、乐变化天,于五欲之境自乐变化;六、他化自在天,于五欲之境使他自在变化。此中四王天在居于世界中心的须弥山之半腹,忉利天在须弥山之顶上,故谓之"地居天",兜率天已上住在空中,故谓之"空居天"。

⑭三毒:即贪欲与嗔恚、愚痴三种之烦恼也。《涅槃经》云:"毒中之毒,不过三毒。"道宣《释门归敬仪》亦云:"下凡烦恼,微细难知,粗而易见,勿过三毒,自毒毒他,深可厌患。"

【译文】

惠能大师继续说道:"韦刺史只要奉行十善,又何必要再去往生西方极乐世界呢?如果不断灭十恶之心,又有什么佛来迎请接引你往生西方呢?如果悟了没有生灭的顿教教法,亲见西方极乐世界,只不过是瞬间就能达到的;不能开悟而称名念佛,但求往生,路有十万八千里之远,又如何能达到呢?惠能我能给诸位在一瞬之间搬来西方极乐世界,眼下便能看到。各位是否希望看到?"

众人都向大师行大礼,说:"如果在这里能见,哪还需要再发愿往生西方呢?希望大师慈悲为怀,立刻就显现出西方来,让大家都得以看到。"

惠能大师说:"各位,世上的人的肉身就如同一座城池,眼睛耳朵鼻子舌头等好像是城门。外面有五个门,里面还有一个意念门。自心好比土地,自性好比帝王。帝王居于自心这块土地上,自性在,帝王在,自性无,帝王无。自性存在,身心存在;自性缺失,身心大坏。作佛要向自性中去求得,切不要向身外去求索。

"自我本性愚迷时,佛也是众生;自我本性觉悟时,众生就是佛。能以慈悲为怀,当下就成观音;能乐于施舍,现在就是大势至菩萨。能自性清净就是释迦牟尼,能平等直了就是阿弥陀佛。

"有人我二执时,障碍升起如同须弥山,邪见心念如同无尽大海,烦恼生起就如同波浪涌动,歹毒害人之心像凶猛的恶龙,虚假妄念如同鬼魅,在尘劳中奔波如同鱼鳖,心存贪欲嗔怒就是身陷地狱,愚昧无知就堕入了畜生道。

"善知识!时常奉行十善,天堂便在眼前;拔除人我之执,须弥障碍轰然倒塌;去除贪心,欲念之海顿然枯竭;烦恼不生如同波浪不兴;心中毒害之心消除如同恶龙鱼鳖尽绝。自性心地上觉悟如来佛性,放大光明,生大智慧,将外在的眼、耳、鼻、舌、身、意六门照耀清净,把欲界的六重天全部照破。自我本性向内映照,贪、嗔、痴三毒当即灭除,应该堕入地狱受苦的罪业也顷刻除尽,内外通明透彻,就与西方极乐世界没有差别。不这样修行,怎么能到达彼岸的西方极乐世界?"

大家听了惠能大师所说,立刻识见本性。向大师礼敬致拜,都感叹、称赞,高声唱诵道:"但愿普天下听到此法的众生,立刻都能开悟。"

师言:"善知识!若欲修行,在家亦得,不由在寺①。在家能行,如东方人心善;在寺不修,如西方人心恶。但心清净,即是自性西方。"

韦公又问:"在家如何修行? 愿为教授!"

师言:"吾与大众说无相颂②,但依此修,常与吾同处无别。若不依此修,剃发出家,于道何益?"颂曰:

心平何劳持戒③? 行直何用修禅?

恩则孝养父母,义则上下相怜。

让则尊卑和睦,忍则众恶无喧。

若能钻木出火,淤泥定生红莲。

苦口的是良药,逆耳必是忠言。

改过必生智慧,护短心内非贤。

日用常行饶益④,成道非由施钱。

菩提只向心觅,何劳向外求玄。

听说依此修行,西方只在目前。

师复曰:"善知识! 总须依偈修行,见取自性,直成佛道。时不相待,众人且散,吾归曹溪。众若有疑,却来相问。"

时,刺史、官僚、在会善男信女,各得开悟,信受奉行。

【注释】

①在家亦得,不由在寺:在家里修行也可实现成佛的境地,修行成佛并不限于寺庙。自明代入藏的官刻短本《坛经》开始,"不由在寺"变为"不但在寺",并一度影响到宗宝本《坛经》自身(如福州涌泉寺本)。另外,"在家亦得"的典范是《净名经》中所说的维摩诘居士。

② 无相颂:此颂在法海系和惠昕系《坛经》中都未记载。

③持戒:"六度"之一,即护持戒法的意思,与"破戒"相对称。

④饶益:予人富裕、丰足法益的意思。

【译文】

惠能大师说:"善知识! 如果想修行,在家中也是可以的,不一定必须到寺庙里。如果在家中也能坚持修行,恰如身处东方的人却能心存善行;即使身在寺中却不奉行修行,那就如同身在西方极乐却心存恶念。只要内心清净,就是在自性中得见西方极乐世界。"

韦刺史又问:"在家又怎样修行呢?希望能给我们教化指授。"

大师说:"我给大家说一个无相颂,只要依照这个颂修行,就是经常和我在一起。如果不依照这个颂修行,即使剃度出家为僧,其对于修道又有什么用处呢?"颂词说:

> 心平何劳持戒?行直何用修禅?
>
> 恩则孝养父母,义则上下相怜。
>
> 让则尊卑和睦,忍则众恶无喧。
>
> 若能钻木出火,淤泥定生红莲。
>
> 苦口的是良药,逆耳必是忠言。
>
> 改过必生智慧,护短心内非贤。
>
> 日用常行饶益,成道非由施钱。
>
> 菩提只向心觅,何劳向外求玄。
>
> 听说依此修行,西方只在目前。

大师又说:"善知识!大家都必须依照偈颂修行,各自识见获取本性,直接成就佛道。佛法修行不可拖延。大家就这样先散了吧,我这就回曹溪山了。大家如果有疑问,就来问我好了。"

当时,韦刺史与官员们,大法会上的善男信女们,都有所开悟,对惠能大师的教法深信不疑,遵守奉行。

定慧品第四

【题解】

　　本品讲述了惠能大师所认为的南宗禅法之法门，其不仅提出此法门是以"定、慧"为本，并且运用灯与光之关系来进一步喻示定慧一体、体用一如的定慧观，所谓"定是慧体，慧是定用"，"即慧之时定在慧，即定之时慧在定"。惠能大师一方面主张修行之时不可定慧两分，偏执一端，另一方面则接着指出本宗法门的要义是以"无念为宗、无相为体、无住为本"，外离一切相叫做"无相"，对所有外境均不沾染叫做"无念"，对于一切时空中的善恶好坏不思酬爱，将其视为空幻的人之本性即是"无住"。职是之故，惠能大师力倡"于一切行住坐卧，常行一直心"，教人自识本心、自见本性。

　　师示众云："善知识！我此法门，以定慧为本①。大众勿迷，言定慧别②，定慧一体，不是二。定是慧体，慧是定用，即慧之时定在慧，即定之时慧在定③。若识此义，即是定慧等学。诸学道人，莫言先定发慧、先慧发定各别。作此见者，法有二相。口说善语，心中不善，空有定慧，定慧不等。若心口俱善，内外一如，定慧即等。自悟修行，不在于诤；若诤先后，即同迷人。不断胜负，却增我法，不离四相④。

"善知识！定慧犹如何等？犹如灯光。有灯即光，无灯即暗，灯是光之体，光是灯之用。名虽有二，体本同一。此定慧法，亦复如是。"

师示众云："善知识！一行三昧者⑤，于一切处行住坐卧，常行一直心是也⑥。《净名经》云：直心是道场⑦，直心是净土⑧。莫心行谄曲⑨，口但说直，口说一行三昧，不行直心。但行直心，于一切法勿有执着。迷人著法相⑩，执一行三昧，直言常坐不动，妄不起心⑪，即是一行三昧。作此解者，即同无情⑫，却是障道因缘。

"善知识！道须通流，何以却滞？心不住法，道即通流。心若住法，名为自缚。若言常坐不动是，只如舍利弗宴坐林中⑬，却被维摩诘诃⑭。

"善知识！又有人教坐，看心观静，不动不起，从此置功。迷人不会，便执成颠，如此者众。如是相教，故知大错。"

【注释】

①定慧："定慧"一般与"戒"一起构成佛教中的"三学"。定，是梵文samādhi的意译，其音译为"三摩地"、"三摩提"、"三摩帝"或"三昧"，意译另有"正受"、"调直定"、"正心行处"、"息虑凝心"等，意谓心定于一处，正受所观之法，调心之暴、直心之曲、定心之散，正心之行使合于法之所依，息止缘虑，凝结心念。与"定"密切相关的是"禅"。禅，是"禅那"的简称，是梵文Dhyāna的音译，意谓思惟修或静虑，思惟修者思惟所对之境而研习之，静虑者心体寂静而能

审虑。所以,"禅"与"定"相比,"定"的范围要更宽泛些。中国佛教经典中常将其总别合称为"禅定"。值得注意的是,按照传统佛教的说法,禅定虽然是心性修习的结果,但是就欲界、色界、无色界来看,禅定非属欲界,而属于色界、无色界,色界、无色界中又各分四等,所谓色界四禅和无色界四定,此为世间共法,另有出时间不共定法,所谓无漏诸定,此为非三界所属之心体所具有。从这种对禅定的规定中,可知禅为定的前导和根本。又其具有审虑之用,可观照佛教真理,甚至引发智慧解脱,所以"先定后慧"、"以定发慧"被视为重要的修行方式长期在佛教中流传。

② 定慧别:即定、慧是有根本区别的,其重要的表现是在时间上有严格先后之分,或言先定后慧,或言先慧后定。就禅宗禅法在早期的发展来看,东山五祖弘忍下的神秀及其弟子普寂等人比较重视以"先定后慧"教人,如李邕《嵩岳寺碑》记载神秀在荆州度门寺"开室岩居"时,跟随者"宴坐林间",而其禅法大略,张说《大通禅师碑》将其记为"慧念以息想,极力以摄心……趣定之前,万缘尽闭,发慧之后,一切皆如"。又据《菩提达摩南宗定是非论》记载,惠能弟子神会曾批评神秀弟子等以"凝心入定,住心看净,起心外照,摄心内证"为禅法是生灭法、"调伏法"。

③ "定是慧体"四句:这是以"体用一如"观对"定慧"关系所作出的说明。这种"体用一如"的思想在于强调体即是用,用即是体,离体无用,离用无体,从而化解了二者相离的做法。

④ 四相:依据《金刚经》所言,即我相、人相、众生相、寿者相。

⑤ 一行三昧:是一种实相念佛教法。修习这种禅定时,要以法界(即真如、实相)为观想对象,专心念佛,即可以见到佛,离开心没有别的佛。中国禅宗在早期比较倡导这种禅定,强调静坐看心,守心不动,从而达到与真心法界相契合。惠能反对守心看净的渐次性,更强调即心即性,见性成佛,对"一行三昧"作了新的解

释。三昧,又作"三摩地"、"三摩提"、"三摩帝",意译为"等持"、"定"、"正定"、"正受"、"定意"、"调直定"、"正心行处"等,即将心定于一处或一境的一种安定状态。又一般俗语形容妙处、极致、蕴奥、诀窍等时,皆以"三昧"称之,即套用佛教用语而转意,当然已与原义迥然有别。

⑥直心:此"直心"二字,连同本段落中其他四处"直心",在法海系《坛经》中均作"真心"。这种"真心"至"直心"的转变(前面已经提到法海系《坛经》中"但行真心,到如弹指"在后来改成"念念见性,常行平直,到如弹指,便睹弥陀"),在一定程度上反映了禅宗对佛教传统之真心缘起论在单纯本体论意义上的疏远,而更倾向于讨论如何在体用一如的框架之下实践地呈现真心。

⑦道场:一般所谓的道场,系指修习佛法的场所,故"道场"可作为"寺院"的别名。又作"菩提道场"、"菩提场",专指中印度菩提伽耶的菩提树下之金刚座上佛陀成道之处。这里指的是禅宗所谓的成就菩提动机的发心、修行等。

⑧净土:全称"清净土"、"清净国土"、"清净佛刹"。又作"净刹"、"净界"、"净国"、"净方"、"净域"、"净世界"、"净妙土"、"妙土"、"佛刹"、"佛国",指以菩提修成的清净处所为佛所居之所。对此而言,众生居住之所,有烦恼污秽,故称"秽土"、"秽国"。

⑨谄曲:谄媚不正。

⑩法相:与"法性"同义。诸法所具本质之相状,或指其意义内容。又指真如、实相。

⑪"执一行三昧"三句:法海系《坛经》作"执一行三昧真心坐不动,除妄不起心",惠昕系《坛经》有作"执一行三昧,直言坐不动(是早已执迷),除妄不起心"者,其中"是早已执迷"诸字很明显地具有"惠昕述"(注释述说)的痕迹。综合起来看,惠能这里当是认为当下流行的禅法思想太过执着于佛法的"止"义,而没有重视

　　　到佛法的"作"义,只强调了"诸恶莫作",忽略了"众善奉行"。

⑫无情:情即情识,人属于有情众生;无情即没有情识的众生,如瓦
　　砾山石之类。

⑬舍利弗:梵言Sāriputra,又作"舍利弗多"、"舍利弗罗"、"舍利子",
　　新作"舍利弗多罗"、"舍利富多罗"。舍利是其母之名,"弗"或
　　"弗多"则是"弗多罗"之略称,意思为"子",故舍利弗即舍利女之
　　子。舍利弗为佛陀十大弟子之一。舍利弗归佛后,常随从佛陀,
　　辅翼圣化,为诸弟子中之上首;复以聪明胜众,被誉为佛弟子中
　　"智慧第一"。宴坐:坐禅或静坐的意思。

⑭维摩诘:菩萨名。略称"维摩",为佛陀的在家弟子,乃中印度毗
　　耶离城之长者。虽在俗尘,然精通大乘佛教教义,其修为高远,
　　虽出家弟子犹有不能及者。

【译文】

　　惠能大师开示众人说:"善知识! 我所讲的法门,以定、慧为根本。
大家不要迷误,认为定、慧二者有别,定和慧是一体的,不是二分的。禅
定是智慧的本体,智慧是禅定的功用,就在智慧显现的时候,定存在于
慧中,在入定的时候慧存在于定中。如果了解了这个道理,就是定、慧
平等同体。各位学习佛道的人,不要说须先禅定再生发智慧,或先生发
智慧才能禅定,认为二者有别。有这种观点的,就是认为佛法也有两种
相状。嘴上说着善语,心中没有善意,徒有定慧的虚名,定慧却不是一
体之学。如果心存善意,口出善言,心口相应,内外如一,定、慧即成一
体。自我开悟依此修行,不在于争执名相,如果执着于争执定、慧孰先
孰后,即与愚迷之人等同无异。不断绝胜负高下的心念计较,就会不断
加重我执,无法超离对'我、人、众生、寿者'四相的执着。

　　"善知识! 定、慧的关系好比什么呢? 好比灯光。有灯就有光,没
有灯即是黑暗,灯是光的本质,光是灯的功用。两者名称虽不同,本质
却是同一的。定、慧关系之理,也是如此。"

　　大师开示众人说："善知识！一行三昧，就是无论何时何地，无论或行或住，或坐或卧，都直接依照本心修行。《净名经》说：直现本心就是佛的处所，直现本心就是西方极乐世界。不要心中进行谄媚邪曲，口中却说直心，口中宣称一行三昧，却不奉行直心。要奉行平直心念，对一切事物现象没有执着。愚迷的人执着于法相，执着于一行三昧，直接宣称只要经常静坐不动，妄念不从心中起，这就是一行三昧。作这样解释的人，就和无情草木一样，是障碍修道的。

　　"善知识！道必须是通达流动的，为什么却是滞塞的呢？心中不执着于法，道便通达。心中若执着于法，这叫做为法所缚。如果说应该常常静坐而不动，那么只会像舍利弗当年在树林中长久静坐，却被维摩诘呵斥一样。

　　"善知识！有人教人静坐，守着心，观看静，身体不动，长久不起，根据这个来建立功德。愚迷的人不能体会定慧的道理，一再执迷，乃成颠倒虚妄，像这样的人有很多。像这样的教导，是大错特错的。"

　　师示众云："善知识！本来正教，无有顿渐①，人性自有利钝。迷人渐修，悟人顿契②，自识本心，自见本性，即无差别。所以立顿渐之假名。

　　"善知识！我此法门，从上以来，先立无念为宗，无相为体，无住为本③。无相者，于相而离相④；无念者，于念而无念；无住者，人之本性⑤。于世间善恶好丑，乃至冤之与亲，言语触刺欺争之时，并将为空，不思酬害⑥，念念之中，不思前境。若前念今念后念，念念相续不断，名为系缚⑦。于诸法上，念念不住，即无缚也。此是以无住为本。

　　"善知识！外离一切相，名为无相。能离于相，即法体清净⑧。此是以无相为体。

"善知识！于诸境上，心不染，曰无念。于自念上，常离诸境，不于境上生心⑨；若只百物不思，念尽除却，一念绝即死⑩，别处受生，是为大错，学道者思之！若不识法意⑪，自错犹可，更误他人；自迷不见，又谤佛经⑫。所以立无念为宗。

"善知识！云何立无念为宗？只缘口说见性迷人⑬，于境上有念，念上便起邪见。一切尘劳妄想，从此而生。自性本无一法可得⑭，若有所得，妄说祸福，即是尘劳邪见。故此法门立无念为宗。善知识！无者，无何事？念者，念何物⑮？无者，无二相，无诸尘劳之心。念者，念真如本性，真如即是念之体，念即是真如之用。真如自性起念，非眼耳鼻舌能念。真如有性，所以起念。真如若无，眼耳色声当时即坏。

"善知识！真如自性起念，六根虽有见闻觉知⑯，不染万境，而真性常自在。故经云：能善分别诸法相⑰，于第一义而不动⑱。"

【注释】

①本来正教，无有顿渐：此二句在法海系《坛经》中作"法无顿渐"。

②迷人渐修，悟人顿契：此句在法海系《坛经》中作"迷即渐劝，悟人顿修"，惠昕系及契嵩系、宗宝系之早期版本作"迷人渐契，悟人顿修"，而自明代刻入官藏以后的短本《坛经》均作"迷人渐修，悟人顿契"，此举也影响到宗宝系《坛经》。通观整个惠能南宗禅的发展，惠能禅绝非"顿而无修"，故"悟人顿修"亦更契合惠能之说，至于对"迷人"来说是"渐劝"、"渐契"还是"渐修"，这实际上反映的是惠能南宗如何看待神秀北宗的禅法体系及其地位的问题。从现有资料来看，惠能南宗至少从宗密开始希望将北宗视

为绝非"渐而无顿"者,故认为其乃"渐契"更符合北宗的本来面目,抑或更能反映南宗融合各宗的能力。

③"先立"三句:此即一般所谓惠能"三无"禅法的经典表达。先立,法海系《坛经》作"顿渐皆立"四字。无念,即正念。禅宗典籍《顿悟入道要门论》中云:"无念者,一切处无心是。无一切境界,无余思求是。对诸境色,永无起动,是即无念。无念者,是名真念也。若以念为念者,即是邪念,非为正念。何以故?经云:若教人六念,名为非念。有六念名为邪念,无六念者即真念。经云:善男子,我等住于无念法中,得如是金色三十二相,放大光明,照无余世界,不可思议功德。佛说之犹不尽,何况余乘能知也。得无念者,六跟无染故,自然得入诸佛知见。得如是者,即名佛藏,亦名法藏。即能一切佛一切法。何以故?为无念故。经云:'一切诸佛等,皆从此经出。'问:'既称无念,入佛知见复从何立?'答:'从无念立。'"在禅宗早期发展史上,惠能弟子神会特别强调"无念"中的"般若知见"因素,其《菩提达摩南宗定是非论》中记道:"(神会)和上言:见在道俗总听,神会意欲得(崇远)法师重问'见'。神会三十年所学功夫唯在'见'字。法师向来问'见'未称神会意,神会答法师'见'亦未尽情,更欲得法师重问'见'字。法师言:'崇远亦欲得重问,禅师见为是眼见,为是耳见,为是鼻见,为是心见?'和上答:'见无如许种。'远法师言:'禅师应同虚空见。'和上言:'法师莫谤大乘。经论说虚空无见。'远法师问:'虚空作勿得无见?'和上言:'虚空无般若故,致使不言见。'远法师言:'异没时,禅师有见无。'和上言:'上至诸佛,下及含识,皆同有见。'远法师言:'何故得有见?'和上言:'为众生有般若故,致得言见。虚空无般若故,致使不得言见。'远法师言:'般若无知,何故言见?'和上言:'般若无知,无事不知,以无事不知故,致使得言见。'远法师杜口无

言。"时人常以"离念"与"无念"作为南北二宗的重要差别,神会等人曾将北宗的"离念"禅法心要概括为:"凝心入定,住心看净,起心外照,摄心内证。"关于无相,《大智度论》云:"诸法实相,是一切法无相。是无相中,不分别是佛是畜生。若分别,即是取相。是故等观。"关于无住,《维摩诘经》中云:"又问:'颠倒想孰为本?'答曰:'无住为本。'"《顿悟入道要门论》中亦云:"问:'既称无念,入佛知见复从何立?'答:'从无念立。何以故?'经云:'从无住本,立一切法。'"记载神会语录的《南阳和上顿教解脱禅门直了性坛语》这样诠释"无念知见"与"无住"的关系:"《般若经》云:菩萨摩诃萨应如是生清净心,不应住色生心,不应住生香味触法生心,应无所住而生其心。无所住者,今推知识无住心是;而生其心者,知心无住是。"值得一提的是,法海系《坛经》之英国国家图书馆藏本作"无念无宗,无相无体,无住无为本"。联系上下文,可知无论何种《坛经》版本,其中的"无念、无相、无住"并非即是"没有念、没有相、没有住",而是"于念不念,于相不相,于住不住",故英国国家图书馆藏本之文便可释为"无念无为宗、无相无为体,无住无为本",其中"宗"、"体"、"本"在于表达不着一边的精神境界。此句可理解为,不要执着"念无"、"相无"、"住无",这便是最高境界。

④于相而离相:这是对"无相"的诠释。"三无"禅法中,首先对"无相"这一禅法进行诠释,至少有两点原因可在这里说明,其一前文已经有"凡所有相,皆是虚妄"、"无相偈颂"等的前奏,容易理解;其二则遵循了禅法修行中由外而内、由境入心、由粗至细的修行惯例,容易修行。禅宗典籍《传法心要》云:"学道之人若欲得知要诀,但莫心上著一物。言佛真法身犹若虚空,此是喻法身即虚空、虚空即法身。常人谓法身遍虚空处、虚空中含容法身,不知法身即虚空、虚空即法身也。若定言有虚空,虚空不是

法身;若定言有法身,法身不是虚空。但莫作虚空解,虚空即法身;莫作法身解,法身即虚空。虚空与法身无异相,佛与众生无异相,生死与涅槃无异相,烦恼与菩提无异相,离一切相即是佛。"

⑤人之本性:这一将"无住"视为人的本性的诠释显然与前面对"无相"和"无念"的诠释有别。其中缘由,当有两点值得考虑。一者,从上下文看,"无住"至少包含"念念相续"的意思,《大乘起信论》云:"一切众生不名为觉,以从本来念念相续未曾离念故。"此正可作为"人之本性"的经典依据。二者,更为重要的是这种"念念相续"、"念念不住"的实质内涵应当自性觉悟于心、无所束缚于境,是自心自性直接的呈现,是人之为人的应然。

⑥酬害:报复。酬,报答。

⑦系缚:又作"结缚",拘束之意。指众生之身心为烦恼、妄想或外界事物所束缚而失去自由,长时间流转于生死之中。是"烦恼"的别名,因烦恼如绳子能系缚身心,使人不得自在。

⑧法体:有为、无为诸法之体性,相当于自性、本性等。

⑨境上生心:境即世间处境,如前文所说之善恶好丑乃至冤之与亲、言语触刺欺争等等,此均为缘起性空之法,所以不应住心其中,妄生执着。据《景德传灯录》记载,唐代有位源律师曾问慧海禅师说:"和尚修道还用功否?"师曰:"用功。"曰:"如何用功?"师曰:"饥来吃饭,困来即眠。"曰:"一切人总如是,同师用功否?"师曰:"不同。"曰:"何故不同?"师曰:"他吃饭时不肯吃饭,百种须索。睡时不肯睡,千般计较。所以不同也。"律师杜口。这里的吃饭百种须索,睡时千般计较,即是境上生心。

⑩死:法海系《坛经》及惠昕系《坛经》作"无"字。

⑪若:法海系《坛经》及惠昕系《坛经》作"莫"字。

⑫佛经:法海系《坛经》均作"经法",其他诸本《坛经》均作"佛经"。

前者更强调佛法之心要,所谓"心通";后者更强调佛法之载体,可谓"说通"。从禅宗早期发展中对经教之态度的线索来看,无论南宗北宗均反对将佛经仅仅视为外在的名相之教,而是更加强调其根源在于对佛性真如之要义的阐明,所以"经法"之说当更合乎禅宗尤其是惠能南宗禅的起初思想。不过,随着惠能南宗禅的发展,尤其至中唐圭峰宗密及五代永明延寿之后,禅教一致而融合的思想渐渐流行于禅宗内部,所以"佛经"之说更合乎惠能南宗禅的发展情形。

⑬口说见性迷人:即口中说见性而内心不实行的人,是"学而时习之"的对立面。

⑭自性本无一法可得:即自性清净之义。《起信论》云:"一切众生,本来常住,入于涅槃。菩提之法,非可修相,非可作相,毕竟无得。"《传心法要》亦云:"菩提者,不可以身得,身无相故。不可以心得,心无相故。不可以性得,性即便是本源自性天真佛故。不可以佛更得佛,不可以无相更得无相,不可以空更得空,不可以道更得道。本无所得,无得亦不可得。所以道'无一法可得',只教你了取本心。当下了时,不得了相,无了无不了相,亦不可得。"

⑮念何物:法海系《坛经》仅仅作"何物"。一字之差,文理大别。若联系上下文,一般以法海集记系《坛经》中的"无者无何事,念者何物? 无者离二相诸尘劳,真如是念之体,念是真如之用"为根据,改写为"无者无何事,念者念何物? 无者离二相、无诸尘劳之心。念者真如本性,真如即是念之体,念是真如之用",或"无者无何事,念者念何物? 无者离二相、无诸尘劳之心。念者念真如本性,真如即是念之体,念即是真如之用"(惠昕系《坛经》)。认为法海集记系《坛经》更强调体用一如,而后者则有强调体用分离的倾向。不过也有人指出法海集记系《坛经》中也有与惠昕所

述系《坛经》一样的"二元论"倾向,而且特别指出无论是一元论还是二元论都不是问题的核心,而应当考虑理论说理所指向的信仰和教法的层面,即认为法海集记系《坛经》中的二元论也是为了教法上的需要而有的。

⑯六根:根取能生之义,眼根对于色境而生眼识,耳根对于声境而生耳识,鼻根对于香境而生鼻识,舌根对于味境而生舌识,身根对于触境而生身识,乃至意根对于法境而生意识,所以称名眼、耳、鼻、舌、身、意为六根。《大乘义章》云:"六根者,对色名眼,乃至第六对法名意。此之六种,能生六识,故名为根。"见闻觉知:即眼识、耳识、鼻识、舌识、身识、意识等六识的简称。僧肇云:"六识略为四名:见、闻,眼、耳识也。觉,鼻、舌、身识也。知,意识也。"

⑰善分别:分别有三,即自性分别、计度分别、随念分别。善分别当即自性分别。

⑱第一义:至高无上的真理。以名究竟之真理,是为最上,故云"第一"。《楞伽经》云:"第一义者,圣智自觉所得,非言说妄想觉境界。"又云:"相名常相随,而生诸妄想。究竟不成就,则度诸妄想,然后知清净,是名第一义。"

【译文】

惠能大师说:"善知识!原本真正的教法,没有顿渐之分,人性本来有聪明和愚钝罢了。愚钝的人渐次修行,聪明的人顿时契悟,自我识见本心,自我识见本性,就没有顿悟渐悟的差别了。所以顿悟渐悟只是权且设立的假名而已。

"善知识!我所宣讲的法门,从佛祖以来,一直是首先立无念为宗旨,以无相为本体,以无住为本根。所谓无相,基于一切相状而超离一切相状;所谓无念,生起心念而不执着于心念;所谓无住,乃是人的本性。对于世间一切善恶好丑,甚至冤家对头,亲朋好友,在言语上发生攻击、刺伤、欺谎、论争的时候，一并将这些看成空幻，不去思索报复伤害，时时刻刻，不追思拘泥于以前，这就是以无住为本。如果对于过去、现在、将来的心念，念念相续，思量不断，这叫作自我系缚。相反，对于一切法相，念念之间毫不执着，就是没有系缚，这就是以无住为本。

"善知识！超离一切外在形相，叫作无相。能超离于形相，就是自性法体清净。这就是以无相为本体。

"善知识！在世间万事万物中不被浸染，叫作无念。在自我心念上，时常超离一切事物现象，不在所遇到的事物现象上生执着心；假如只是什么都不思维，心念除去灭尽，一念断绝就是死，以为还可以到别的地方再去受生，这是极大的错误，参学佛道的人应该仔细思维！如果不能识见佛法大义，自己错误迷妄也就罢了，偏偏还要再去劝行他人；自己迷误不能识见本性，又毁谤了佛教经典。因此要立无念为宗旨。

"善知识！为什么说要立无念为宗旨呢？只因为口头上声称识见本性的愚迷之人，在事物上生执着心念，产生邪见。一切尘世错误妄想，从此而生。自我本性本来并不是可以通过某种具体方法能够获得的，如果有所得，就胡乱声称是祸福果报，这是世俗邪见。所以这个法门立无念为宗旨。善知识！无，无的是什么？念，念的又是什么？无是没有差别对立的二分之相，没有执迷尘世之心。念是心念与佛性相一的自我本性，真正的如来佛性是心念的本体，心念是真如佛性的效用。真如佛性由自我本性中升起心念，并非是眼睛、耳朵、鼻子、舌头等感觉器官能起心念。真如佛性是自我本具的自我之性，从中能够生起心念。如果真如佛性不是自我本具，那么眼睛、耳朵等六种感觉器官就应该是坏死的。

"善知识！自我真如本性生起心念，六种感觉器官虽然能看见、听到、觉察、了解，但不被外在一切事物现象所浸染，真如本性就是永恒自在的。所以佛经上说：真如佛性能够正确地了知各种事物和现象，在根本上是没有生灭，不会动摇的。"

坐禅品第五

【题解】

本品记载惠能大师对何为"坐禅"所作的解释："外于一切善恶境界,心念不起,名为坐;内见自性不动,名为禅。"阐述了惠能南宗禅对"禅定"的定义："外离相为禅,内不乱为定","外禅内定,是为禅定"。其中特别地指出真正的坐禅并不是守心看净,一味枯坐,而是要对外不执着,对内止散乱,禅定与般若智慧是内外一体的。最后还强调了要明心见性,自修自行,自成佛道的道理。

师示众云:"此门坐禅①,元不著心,亦不著净,亦不是不动②。若言著心,心元是妄,知心如幻,故无所著也。若言著净,人性本净;由妄念故,盖覆真如,但无妄想,性自清净。起心著净,却生净妄,妄无处所,著者是妄。净无形相,却立净相,言是工夫③,作此见者,障自本性,却被净缚④。

"善知识! 若修不动者,但见一切人时,不见人之是非善恶过患,即是自性不动⑤。

"善知识! 迷人身虽不动,开口便说他人是非长短好恶,与道违背。若著心著净,即障道也。"

师示众云："善知识！何名坐禅？此法门中，无障无碍，外于一切善恶境界，心念不起，名为坐；内见自性不动，名为禅。善知识！何名禅定？外离相为禅⑥，内不乱为定。外若著相，内心即乱。外若离相，心即不乱。本性自净自定，只为见境思境即乱⑦。若见诸境心不乱者，是真定也。

"善知识！外离相即禅，内不乱即定。外禅内定，是为禅定。《菩萨戒经》云：我本元自性清净。善知识！于念念中，自见本性清净，自修、自行，自成佛道⑧。"

【注释】

①坐禅：结跏趺坐，不起思虑分别，系心于某一对象，称为"坐禅"。

②"元不著心"三句："著心"、"著净"，即执着于"心"或"净"，其在惠能南宗成立之前的比较重要的体现即是"看心"、"看净"，故法海系《坛经》中紧接着的下文中均使用"看心"、"看净"之语。另外，在《神会语录》中，亦有类似说法，其中有云："问：'何不看心？'答：'看即是妄，无妄即无看。'问：'何不看净？'答：'无垢即无净，净亦是相，是以不看。'"值得一提的是，"亦不是不动"在法海系《坛经》中作"亦不言动"，使得二者语义截然相反。从下文的语义来讲，无论执着动或不动都是不当的。另外，《坛经》中还有"若觉真不动，动上有不动"之"真不动"的说法，这比较能体现出禅宗任运自在、不住一边的禅法风貌。元，通"原"。

③言是工夫：工夫，亦作"功夫"。工谓功程，夫谓役夫。言是工夫即迷人自以为是在做工夫。这里特别强调修行者将经过努力所得之内心明净之相误认作见性的做法是不对的，应当超越这种有所得心，真正体认自性清净的本来面目。

④净缚：指被所要观想的"净相"所束缚。

⑤自性不动：指自体之本性。诸法各自有不变不改之性，是名"自性"。这里指不从主观上分辨和计较是非曲直。

⑥外离相：指自心对在外事物和现象都不执着。

⑦只为见境思境即乱：此句在法海系《坛经》中多作"只缘境触，触即乱"，后来有作"只缘境解，解即乱"，惠昕系《坛经》以后才均作"只为见境思境即乱"。希迁禅师《参同契》中有"触目不会道，运足焉知路"的说法，这一"触目会道"的思想与《坛经》中的"色类自有道，离道别觅道，觅道不见道，到头还自懊"的思想是一致的。值得注意的是，也许正是这种"万物与我为一"的精神使得法海系《坛经》中的"只缘境触，触即乱"被改写成了"只缘境解，解即乱"，并最终被改写成了"只为见境思境即乱"，从而越来越倾向于在承认物我一如的框架下，勇于直面诸种境界，并据此而发挥主体在解脱实践中的能动性。

⑧自修、自行，自成佛道：法海系《坛经》中作"自修自作自性法身，自行佛行，自作自成佛道"，相形之下，更加重视"修行在个人"。

【译文】

惠能大师开示众人说："我这个法门所讲的坐禅，原本不是执着于固守本心，也不是执着于一味看净，更不是枯坐不动。如果说执着心念，心念原本也是虚妄，了解了心念的虚妄，所以也就没有什么可执迷固守的。如果说执着于追求本性清净，那么人的本性原本就是清净的；由于虚妄心念的缘故，掩盖遮蔽了自我真如本性，一旦没有了虚妄邪见，本性就又自我清净了。生起执心追求所谓的清净，却又生起对清净本身执着的妄念，这种妄念本来是无处着落和无所适从的，一旦清净产生执着之心时，它便有了生起的处所。清净本来是没有形相的，却给清净设定一个形相，硬说符合这一形相的才是修行的功夫，持这样见解的人，障碍迷惑了自我的本性，其实是被所谓的清净执迷来缚了。

"善知识！如果修'不动'行，心不生起，那么看任何人的时候，都对他的是非善恶能视而不见，心念不随之扰动，这就是自我本性真正寂然不动。

"善知识！愚迷的人身体虽然在那里纹丝不动，但一开口就是议论别人的是非长短和好坏，这与修道是正好相违背的。这与执着于守心看净一样，也是障碍修道的。"

惠能大师开示众人说："善知识！什么叫坐禅？我这个法门中，没有阻碍，遍达自在，对于一切外在的善恶境界，不起心动念，这叫作坐；能识见内在自我本性寂然不动，这叫作禅。善知识！什么叫禅定？超离外境外相就是禅，内心不散乱叫作定。如果执着于外境外相，内心必定散乱。如果超离外境外相，内心就不散乱。人的本性原是本自清净，本自安定的，只是因为遇见外境因而思虑执着于外境，所以内心就散乱了。如果能见到一切外境而内心不散乱的，这才是真正的定。

"善知识！超离外境外相就是禅，内心不散乱就是定。外禅内定就是禅定。《菩萨戒经》说：自我本性原本清净。善知识！时时刻刻识见自我本性清净，自我修持，自我心行，自然成就佛道。"

忏悔品第六

【题解】

本品记述惠能大师为来山听法的四方士庶讲授"自性五分法身香"、"无相忏悔"、"自心四弘誓愿"、"无相三皈依戒"以及"一体三身自性佛"等法。其中"自性五分法身香"分为戒香、定香、慧香、解脱香、解脱知见香，旨趣在于倡导修行之人自心要实现戒、定、慧，达到自心解除攀缘系缚，实现求得解脱的目标。传香之后，惠能大师接着传授无相忏悔。他界定了"忏悔"的定义，认为忏即重在说出前罪，悔即在于断除后过。然后，惠能大师给大众进一步讲说了"自心众生无边誓愿度，自心烦恼无边誓愿断，自性法门无尽誓愿学，自性无上佛道誓愿成"的"自心四弘誓愿"，并同时授与"无相三皈依戒"，变以往的皈依佛、法、僧三宝而为皈依觉、皈依正、皈依净，力倡皈依自性，而非外力，所谓"自性不归，无归依处"。最后，惠能大师为大众讲述何为"清净法身佛"、何为"圆满报身佛"、何为"千百亿化身佛"的一体三身自性佛法门，强调三身佛都在众生自身自性之中，不在身外，从自性生，不从外得，从而再次重申了佛性本具、即心即佛的道理。

时，大师见广韶洎四方士庶①，骈集山中听法②，于是升座告众曰："来，诸善知识！此事须从自性中起③。于一切时,念念自净其心,自修自行,见自己法身,见自心佛,自度自戒,始得不假到此。既从远来,一会于此,皆共有缘。今可各各胡跪④,先为传自性五分法身香⑤,次授无相忏悔⑥。"

众胡跪。师曰:"一戒香,即自心中,无非、无恶、无嫉妒、无贪嗔、无劫害,名戒香。二定香,即睹诸善恶境相,自心不乱,名定香。三慧香,自心无碍,常以智慧观照自性,不造诸恶。虽修众善,心不执着,敬上念下,矜恤孤贫,名慧香。四解脱香,即自心无所攀缘⑦,不思善,不思恶,自在无碍,名解脱香。五解脱知见香,自心既无所攀缘善恶,不可沉空守寂,即须广学多闻,识自本心,达诸佛理,和光接物,无我无人,直至菩提,真性不易,名解脱知见香。

"善知识! 此香各自内熏⑧,莫向外觅。

"今与汝等授无相忏悔,灭三世罪⑨,令得三业清净⑩。

【注释】

①广韶:广州和韶州。洎(jì):即及也。

②骈(pián)集:汇聚,集聚。

③此事:这里指明心见性的顿悟解脱。

④胡跪:又作"胡跽"。古时印度、西域地方总称为"胡",胡跪乃指一般胡人跪拜的敬仪。

⑤自性五分法身香:即以五种功德法而成佛身也,指戒香、定香、慧香、解脱香、解脱知见香。故《维摩诘经》有云:"佛身者,即法身也。从无量功德智慧生,从戒、定、慧、解脱、解脱知见性。"这五分香,皆从自性上说,皆从功德上修,也就是从自证自性法身来成如如佛。香,是以智慧火烧那抽象无价真香。

⑥无相忏悔:忏,乃"忍"的意思,即请求他人忍罪;悔,指追悔、悔

过,即追悔过去之罪,所以《慧苑音义》云:忏悔,谓"忏摩,此云请忍。谓请贤圣或清净僧忍受悔过也"。禅宗之前,多有理忏、事忏之分。禅宗主张不注重忏悔的形式和仪式,更重视理忏,强调个人的心性明净,称之为"无相忏悔"。

⑦攀缘:攀取缘虑、心随外境而转的意思,指心执着于某一对象的作用。如老人攀杖而起,谓之"攀缘"。又如猿攀木枝,忽而在彼,忽而在此,谓之"攀缘"。

⑧内熏:"外熏"的对称。众生心中,皆有本觉之真如,此本觉之真如熏习无明,使妄心厌恶生死的痛苦,而祈求涅槃之快乐,此情形谓之"内熏"。至于佛菩萨的一切教法,以及行者自身的修行,都叫做"外熏"。

⑨三世:乃过去世、现在世与未来世的总称,现在世与未来世合称为"现当二世"。《宝积经》云:"三世,所谓过去、未来、现在。云何过去世?若法生已灭,是名过去世。云何未来世?若法未生未起,是名未来世。云何现在世?若法生已未灭,是名现在世。"

⑩三业:即身、口、意三处之所作的身业、口业、意业。身业,即身之所作,如杀生、偷盗、邪淫、酗酒等事;口业,即口之所语,如恶口、两舌、绮语、妄语等言语;意业,即意之所思,如贪、嗔、痴等动念。

【译文】

当时,惠能大师看到广州和韶州及来自各地的士庶百姓,都汇集在曹溪山听讲佛法,于是便开坛讲法,向众人说道:"来,各位善知识! 修行佛道这等大事必须从自我本性上着手。在任何时候,时刻自我清净本心,自我修持,自我心行,识见自己的智慧法身,识见自心的佛性,自我度脱,自我持戒,到此才不算虚度。既然从大老远赶来,一齐会聚在这里,都是有缘的。现在大家各自可以胡跪,我先给你们传授自性五分法身香,再传授无相忏悔。"

大家都胡跪着。惠能大师说:"第一是戒香,就是自我本心中没有是非，没有善恶，没有嫉妒心，没有贪欲嗔怒，没有劫心毒害，这叫做戒香。第二是定香，就是看到一切善恶的外境外相，自心不散乱，这叫做定香。第三是慧香，自心通达没有障碍，时常用智慧观照自性，不造作一切恶业。虽然修行一切善业，自心却不生执着，敬重长辈，体念晚辈，怜悯抚恤孤苦贫困，这叫做慧香。第四是解脱香，就是自心没有对外物生追求攀依之心，不思量善，不思量恶，自由自在，无所挂碍，这叫做解脱香。第五是解脱知见香，自心既没有对善恶生攀缘之心，也不能陷入虚空，固守枯寂，就是说需要广泛学习，多多听取教诲，识见自我本心，通达一切佛教真理，待人接物和光同尘，没有人我之执，直接达到无上觉悟，真我本性没有改变，这叫做解脱知见香。

"善知识！这种五分法身香大家各自在自我内心中点燃熏习，千万不要向外寻求。

"现在我给你们传授无相忏悔，以除灭过去、现在、未来三世的罪业，使大家获得身业、口业、意业三业的清净。

"善知识！各随我语，一时道①：弟子等，从前念、今念及后念，念念不被愚迷染。从前所有恶业、愚迷等罪②，悉皆忏悔，愿一时销灭，永不复起。

"弟子等，从前念、今念及后念，念念不被骄诳染③。从前所有恶业、骄诳等罪，悉皆忏悔，愿一时销灭，永不复起。

"弟子等，从前念、今念及后念，念念不被嫉妒染④，从前所有恶业、嫉妒等罪，悉皆忏悔，愿一时销灭，永不复起。善知识！已上是为无相忏悔。

"云何名忏？云何名悔？忏者，忏其前愆。从前所有恶业：愚迷骄诳嫉妒等罪，悉皆尽忏，永不复起，是名为忏。悔者，悔其后过。从今以后，所有恶业，愚迷骄诳嫉妒等罪，今已觉悟，悉皆永断，更不复作，是名为悔，故称忏悔。凡夫愚迷，只知忏其前愆，不知悔其后过。以不悔故，前愆不灭，后过又生；前愆既不灭，后过复又生，何名忏悔？

"善知识！既忏悔已，与善知识发四弘誓愿⑤，各须用心正听：自心众生无边誓愿度，自心烦恼无边誓愿断，自性法门无尽誓愿学，自性无上佛道誓愿成。

"善知识！大家岂不道众生无边誓愿度，恁么道⑥，且不是惠能度⑦。

"善知识！心中众生，所谓邪迷心、诳妄心、不善心、嫉妒心、恶毒心，如是等心，尽是众生，各须自性自度，是名真度。

"何名自性自度？即自心中邪见烦恼愚痴众生，将正见度⑧。既有正见，使般若智打破愚痴迷妄众生，各各自度。邪来正度，迷来悟度，愚来智度，恶来善度。如是度者，名为真度！

【注释】

①一时道：即一时说道，犹去一时唱言。

②恶业：乖于理而行名恶，作身、口、意之三事名业。《华严经》云："我昔所造诸恶业，皆由无始贪嗔痴。"

③骄诳："骄"即骄傲；"诳"即欺诈。二者在唯识宗所分析的二十种性格缺陷（即随烦恼）中，是两种危害较小的性格缺陷。《唯识论》云："骄诳者，心怀异谋，多现不实、邪命事故。此即贪痴一分为体。离二无别诳相用故。"

④嫉妒：害贤曰"嫉"，相忌曰"妒"。《唯识论》云："嫉妒者，闻见他

荣,深怀忧戚,不安隐故。此亦嗔恚一分为体。"

⑤四弘誓愿:一切菩萨初发心时,必发此四种广大之愿,故又称"总愿"。又作"四弘愿"、"四弘行愿"、"四弘愿行"、"四弘誓"、"四弘"。有关"四弘愿"的内容与解释,散见于诸经论,然而各经所举颇有出入。中国佛教一般采用《六祖坛经》之说,即:一、众生无边誓愿度,谓菩萨誓愿救度一切众生。二、烦恼无边誓愿断,谓菩萨誓愿断除一切烦恼。三、法门无尽誓愿学,谓菩萨誓愿学知一切佛法。四、无上佛道誓愿成,谓菩萨誓愿证得最高菩提。此"四弘誓愿"可配于苦、集、灭、道四谛。值得一提的是,"自心众生无边誓愿度,自心烦恼无边誓愿断,自性法门无尽誓愿学,自性无上佛道誓愿成",在法海系《坛经》中作"众生无边誓愿度,烦恼无边誓愿断,法门无边誓愿学,无上佛道誓愿成(三唱)",在惠昕系《坛经》中开始作"自心邪迷众生誓愿度,自心烦恼无边誓愿断,自性法门无尽誓愿学,无上自性佛道誓愿成(已上三遍唱)"。

⑥恁么道:这样说。

⑦且不是惠能度:即众生自性自度也。《顿悟入道要门论》云:"众生自度,佛不能度。若佛能度众生时,过去诸佛如微尘数,一切众生总应度尽。何故我等至今流浪生死,不得成佛?当知众生自度,佛不能度。努力!努力!自修,莫倚他佛力。经云:夫求法者,不著佛求。"

⑧正见:系"八正道"之一,"十善"之一。为"邪见"之对称,即远离或有或无的邪见,而采取持平正中的见解。

【译文】

"善知识!大家都各自跟随我念诵,立即说:弟子们以前、现在、将来的每一个念头,都不被愚昧迷惑所沾染,以前所有造作的恶业、愚昧、迷惑等等罪过,全部都忏悔,希望立即销毁灭断,永远不再重新生起。

"弟子们，以前、现在、将来的每一个念头，都不被骄狂傲妄沾染，以前所造作的恶业、骄狂傲妄等罪过，全部都忏悔，希望立刻销毁灭断，永远不再重新生起。

"弟子们，以前、现在、将来的每一个念头，都不被嫉妒沾染。以前所造作恶业、嫉妒等罪过，全部都忏悔，希望立刻销毁灭断，永远不再重新生起。善知识！以上就是无相忏悔。

"什么叫做忏？什么叫做悔？所谓忏，就是坦白承认自己以前所造下的罪业。以前所有的恶业：愚昧迷惑、骄狂傲妄、嫉妒等等罪过，全部都坦白承认，永远都不再重犯，这叫做忏。所谓悔，反思改悔以断除今后会造的罪业。从今以后，所有恶业、愚昧迷惑、骄狂傲妄、嫉妒等等罪过，现在都已觉知开悟，全部都将永远断绝，更不会再次造作，这就叫做悔，所以称为忏悔。凡夫俗子愚昧迷惑，只知道忏说坦白他以前所造罪业，而不知道反思改悔以绝除他今后会造罪业。由于不懂得悔改的缘故，前面的罪业还未灭尽，后面的罪过又新生起；前面的罪业既然不能灭尽，后面的罪过已然重又生起，这叫什么忏悔呢？

"善知识！既然忏悔已经传授完毕，现在再和你们发四弘愿，大家各自需要正心诚意，用心听取：自心众生无边誓愿度，自心烦恼无边誓愿断，自性法门无尽誓愿学，自性无上佛道誓愿成。

"善知识！大家不是都说'众生无边誓愿度'吗？这样说，并不是我惠能来度。

"善知识！心中的众生，就是我们所说的邪迷之心、诳妄之心、不善之心、嫉妒之心、恶毒之心等等，像这样的心，都是众生，大家必须各自运用本性自我度脱，这就叫真度。

"什么叫自性自度？就是自我本心中邪迷妄见、烦恼愚痴等众生，都用正确的知见将它们度脱。有了正见，让般若智慧打破愚痴迷妄众生，各各自性自度。以正见度脱邪见生起，以觉悟度脱迷妄疑惑，以智慧度脱愚迷障碍，以善良心念度脱邪恶心念。这样的度，叫做真度！

"又烦恼无边誓愿断。将自性般若智除却虚妄思想心是也。又法门无尽誓愿学，须自见性，常行正法①，是名真学。又无上佛道誓愿成，既常能下心，行于真正，离迷离觉，常生般若，除真除妄，即见佛性；即言下佛道成。常念修行是愿力法②。

"善知识！今发四弘愿了，更与善知识授无相三皈依戒③。善知识！皈依觉，两足尊④；皈依正，离欲尊；皈依净，众中尊！从今日去，称觉为师，更不皈依邪魔外道⑤，以自性三宝常自证明。劝善知识，皈依自性三宝。佛者，觉也；法者，正也；僧者，净也。自心皈依觉，邪迷不生，少欲知足，能离财色，名两足尊。自心皈依正，念念无邪见，以无邪见故，即无人我贡高⑥，贪爱执着，名离欲尊。自心皈依净，一切尘劳爱欲境界，自性皆不染著，名众中尊。

"若修此行，是自皈依。凡夫不会，从日至夜，受三归戒；若言皈依佛，佛在何处？若不见佛，凭何所归？言却成妄。

"善知识！各自观察，莫错用心，经文分明言自皈依佛⑦，不言皈依他佛。自佛不归，无所依处。

"今既自悟，各须皈依自心三宝⑧。内调心性，外敬他人，是自皈依也。

"善知识！既皈依自三宝竟，各各志心⑨。吾与说一体三身自性佛⑩，令汝等见三身，了然自悟自性。总随我道：于自色身⑪，皈依清净法身佛⑫；于自色身，皈依圆满报身佛⑬；于自色身，皈依千百亿化身佛⑭。善知识！色身是舍宅⑮，不可言归。向者三身佛，在自性中，世人总有。为自心迷，不见内性，外觅三身如来，不见自身中有三身佛。汝等听说，令汝等于自身中，见自性有三身佛。此三身佛，从自性生，不从外得。

【注释】

①正法：即正真道法也。《婆沙论》云："有二种正法：一、世俗正法，二、胜义正法。世俗正法谓名、句、文身，即素怛缆.(经)、毗柰耶（律）、阿毗达摩（论）。胜义正法谓圣道。即无漏根、力、觉支、道支。"

②愿力：又作"本愿力"、"大愿业力"、"宿愿力"、"誓愿之力"、"本愿之力"，指菩萨在"因位"所发本愿之力用至果位而显其功。

③无相三皈依戒：指自心的皈依，并不皈依和信奉外在的崇拜对象。三皈依，又作"三归"、"三自归"、"三归戒"、"趣三皈依"，即归投、依靠"三宝"，并请求救护，以解脱一切苦厄，即指皈依佛、皈依法、皈依僧。"皈依"一词，含有救护、趣向的意思。

④两足尊：又作"无上两足尊"、"二足尊"，是佛的尊号。因佛具足"三十二相"、"八十种好"，成就尽智、无生智等无漏之无学法，及"十力"、"四无畏"等诸不共法，故此尊号有二义，即于天、人之中，所有两足生类中之最尊贵者。又以两足言喻福德与智慧二种功德，佛即具足二者以表示功德圆满。

⑤邪魔外道：邪即邪道，为不明佛法者。魔即魔道，为妨害佛法者。外道多指释迦佛时代的六师及其各十五弟子等，合而为九十六也。其六师一为富兰那迦叶，二、末伽黎瞿赊梨子，三、删阇耶毗

罗胝子,四、阿耆多翅舍钦婆罗,五、迦罗鸠驮迦旃延,六、尼干陀若提子。这里的外道概指持异端思想者。《景德传灯录》云:"心外求佛,名为外道。"《俱舍玄义》云:"学乖谛理,随自妄情,不返内觉,称为外道。"

⑥贡高:傲慢自大,自认为高人一等。

⑦经文分明言自皈依佛:此经可能为《华严经》,其云:"自归依佛,当愿众生,体解大道,发无上心。"

⑧三宝:又作"三尊",系指为佛教徒所尊敬供养之佛宝、法宝、僧宝等"三宝"。一切之佛,即佛宝;佛所说之法,即法宝;奉行佛所说之法的人,即僧宝。佛者觉知之义,法者法轨之义,僧者和合之义。《顿悟入道要门论》云:"心是佛,不用将佛求佛。心是法,不用将法求法。佛法无二,和合为僧,即是一体三宝。经云:心佛与众生,是三无差别。身口意清净,名为佛出世。三业不清净,名为佛灭度。"

⑨志心:心之所向为志,志心犹言留心也。

⑩一体三身自性佛:三身,经论所说佛身有二身乃至十身。虽开合多途,可以三身括之。如台宗所立法、报、应三身,法相宗所立自性、受用、变化三身。又《悟性论》云:"飞腾十方,随宜救济者,化身佛也。断惑修善,雪山成道者,报身佛也。无言无说,湛然常住者,法身佛也。若论至理,一佛尚无,何得有三!此言三身者,但据人智有上中下。"这里指皈依自己色身内,自性具足之法身、报身、化身等三身佛。

⑪色身:父母所生之肉身为色身。

⑫法身佛:法性之体名法身,法性有觉知之德,故名"佛"。

⑬报身佛:指佛的果报身,"三身"之一。亦即菩萨初发心修习,至十地之行满足,酬报此等愿行之果身,称为"报身佛"。如阿弥陀佛、药师如来、卢舍那佛等,皆为报身佛。

⑭千百亿化身佛：化身，为"三身"之一，与报身、法身合称"三身"，
　又名"应化身"、"变化身"，为众生变化种种形的佛身。《梵网经》
　云："我今卢舍那（即报身），方坐莲花台。周匝千花上，复现千释
　迦。一花百亿国，一国一释迦，各坐菩提树，一时成佛道。如是
　千百亿，卢舍那本身。"此即可谓是"从报身思量，即是化身佛"的
　经典依据。

⑮舍宅：客馆曰"舍"。"舍宅"即喻指色身如旅行之馆舍也。

【译文】

"另外，烦恼无边誓愿断，就是运用自性般若智慧除去虚妄思想之心。法门无尽誓愿学，必须自我识见本性，时常心行正确的教法，这叫做真正的佛法修行。无上佛道誓愿成，就是要经常深入到心中，在心中按真正的佛法修心，不执着于愚迷也不执着于觉悟，常常生起般若智慧，不落于真实也不落于虚妄，就可识见佛性；就是立刻成就佛道。常常心念修行四弘愿，这就是发挥愿力的方法。

"善知识！现在我们发过四大弘愿了，再给大家讲授无相三皈依戒。善知识！皈依正确的觉悟，就会有福报和智慧二者都圆满具足的尊严；皈依了正确的知见，就会有超离恶欲的尊严；皈依了清净，就会有在众生中受到敬重的尊严！从今日开始，以觉悟为师父，而不要归附邪魔外道，以自我本性中的佛、法、僧三宝时常印证明悟自我。奉劝诸位善知识，皈依自我本性中的三宝。佛就是觉悟；法就是正见；僧就是清净。自我本心皈依正确觉悟，邪见迷障不再生起，减少欲望，能知满足，能超离财富和美色，这叫做两足尊。自我本心皈依正见，时时刻刻没有邪恶愚见，由于没有邪见的原故，就没有人我之执，妄自尊大和贪爱执着，这叫做离欲尊。自我本心皈依清净，一切尘世烦恼，爱憎欲望境界，自我本性都不沾染执着，这叫做众中尊。

"如果以此修行，就是自我皈依奉持。凡夫俗子不懂这个道理，从白天到黑夜，受所谓的三归戒；如果说皈依佛，那么佛在哪里？如果说

见不到佛，那又依据什么皈依？这样说法成了妄语。

"善知识！各各自己观察，不要错用了心，佛经上明明白白地讲到'自皈依佛'，没有讲到'皈依他佛'。自我本心的佛不去皈依，就没有可以皈依的地方了。

"今天既然自我开悟，各自须要皈依自我本心中的三宝。对内调适心性，对外尊重他人，这就是自我皈依了。

"善知识！既然皈依自我三宝完毕，各自专心。我给你们说一体三身自性佛，让你们能识见自性三身，全然明了自我开悟自我本性。请全部跟随我念诵：于自色身，皈依清净法身佛；于自色身，皈依圆满报身佛；于自色身，皈依千百亿化身佛。善知识！肉体色身只是住宅房屋，不能说是最终皈依处所；从来法身、报身、化身这三身佛都是在自我本性中的，世上的人均都本自具有。只是因为自我本心迷误，不能识见内在本性，向外寻求三身佛，而不能识见自我身中有三身佛。你们听我讲说，会让你们在自身中识见自我本性中自有的三身佛。这个三身佛从自我本性中生发，而不是从外面寻得的。

"何名清净法身佛？世人性本清净，万法从自性生①。思量一切恶事，即生恶行；思量一切善事，即生善行。如是诸法在自性中，如天常清，日月常明，为浮云盖覆②，上明下暗。忽遇风吹云散，上下俱明，万象皆现。世人性常浮游，如彼天云。

"善知识！智如日，慧如月③，智慧常明。于外著境，被妄念浮云盖覆自性，不得明朗。若遇善知识，闻真正法，自除迷妄，内外明彻，于自性中万法皆现。见性之人，亦复如是；此名清净法身佛。

"善知识！自心皈依自性，是皈依真佛。自皈依者，除却自性中不善心、嫉妒心、谄曲心、吾我心、诳妄心、轻人心、慢他心、邪见心、贡高心，及一切时中不善之行；常自见己过，不说他人好恶④，是自皈依。常须下心，普行恭敬，即是见性通达，更无滞碍，是自皈依。

"何名圆满报身？譬如一灯能除千年暗，一智能灭万年愚。莫思向前，已过不可得，常思于后，念念圆明，自见本性，善恶虽殊，本性无二。无二之性，名为实性，于实性中，不染善恶，此名圆满报身佛。

"自性起一念恶，灭万劫善因⑤。自性起一念善，得恒沙恶尽⑥。直至无上菩提，念念自见，不失本念，名为报身。

"何名千百亿化身？若不思万法，性本如空。一念思量，名为变化。思量恶事，化为地狱，思量善事，化为天堂⑦；毒害化为龙蛇⑧，慈悲化为菩萨⑨；智慧化为上界⑩，愚痴化为下方⑪。自性变化甚多，迷人不能省觉。念念起恶，常行恶道；回一念善，智慧即生。此名自性化身佛。

"善知识！法身本具，念念自性自见，即是报身佛；从报身思量，即是化身佛；自悟自修自性功德，是真皈依。皮肉是色身，色身是舍宅，不言皈依也。但悟自性三身，即识自性佛。

"吾有一无相颂，若能诵持，言下令汝积劫迷罪，一时销灭。"颂曰：

迷人修福不修道⑫，只言修福便是道。
布施供养福无边，心中三恶元来造⑬。
拟将修福欲灭罪，后世得福罪还在⑭。

但向心中除罪缘，名自性中真忏悔。

忽悟大乘真忏悔，除邪行正即无罪。

学道常于自性观，即与诸佛同一类⑮。

吾祖惟传此顿法，普愿见性同一体。

若欲当来觅法身，离诸法相心中洗⑯。

努力自见莫悠悠，后念忽绝一世休。

若悟大乘得见性，虔恭合掌至心求⑰。

师言："善知识！总须诵取，依此修行。言下见性，虽去吾千里，如常在吾边⑱。于此言下不悟，即对面千里，何勤远来？珍重好去！"一众闻法，靡不开悟，欢喜奉行。

【注释】

①万法从自性生：《大乘起信论》云："心生种种法生，心灭种种法灭。"《传心法要》云："一切诸法，皆由心造，乃至人天地狱，六道修罗，尽由心造。"

②"如是"四句：以妄念浮云遮蔽清净自性的说法在禅宗早期经典中常见，多出自《十地经论》，其云："众生身中有金刚佛性，犹如日轮，体明圆满，广大无边。只为五蕴重云所覆，如瓶内灯光，不能照外。"

③智如日，慧如月：即智慧如日月一般。《无量寿经》云："慧日照世间，清除生死云。"《法华经》云："慧日破诸暗。"

④"常自见"二句：终日不见己过，便绝圣贤之路。终日喜谈人过，便伤天地之和。古人云："不见己过，是心不存。一检点来，喜怒哀乐，多不中节。视听言动，多不合礼。自己克治不暇，何敢责备他人。"

⑤善因：即招感善果的业因。

⑥恒沙：即恒河之沙。恒河是印度大河，两岸多细沙，恒河沙粒至
细，其量无法计算。诸经中凡形容无法计算之数，多以"恒河沙"
一词为喻。《大智度论》云："问曰：'如阎浮提中种种大河，亦有
过恒河者，何以常言恒河沙等？'答曰：'恒河沙多，余河不尔。复
次，是恒河是佛生处、游行处，弟子眼见，故以为喻。复次，……
诸人经书，皆以恒河为福德吉河，若入中洗者，诸罪垢恶皆悉除
尽。以人敬事此河，皆共识知，故以恒河沙为喻。复次，余河名
字喜转，此恒河世世不转。以是故，以恒河沙为喻，不取余河。'"

⑦天堂：即天上之宫殿也。《佛遗教经》："不知足者，虽处天堂，亦
不称意。"

⑧毒害：狠毒之计划可以害人者。佛经常以金及人身之四大喻毒
蛇，此处则以心喻毒龙、毒蛇也，故《佛遗教经》云："心之可畏，甚
于毒蛇。"

⑨慈悲化为菩萨：菩萨即菩提萨埵。《净名疏》云："菩提云无上道，
萨埵名大心。谓无上道大心。此人发大心，为众生求无上道，故
名菩萨。安师云开士、始士，又翻云大道心众生。古本翻为高
士。既异翻不定，须留梵音，今依《大论》释菩提名佛道，萨埵名
成众生。用诸佛道，成就众生，故名菩提萨埵。又菩提是自行，
萨埵是化他。自修佛道，又用化他，故名菩萨。"天台《戒义疏》
云："天竺梵音摩诃菩提质帝萨埵，今言菩萨，略其余字。译云：
大道心成众生。"菩萨以慈悲为心，吾人一念慈悲，即一念是菩
萨，念念慈悲，即念念菩萨，故云慈悲化为菩萨也。

⑩上界：与"下界"对称，又称"天上界"，"六道"之一，即包括无色
界、色界、欲界等诸天。位于诸天中，上方之位者称"上界"。如
色界天为欲界天的上界。

⑪下方：指三涂，即地狱、饿鬼、畜生之"三恶道"，相对于诸天，故名
下方。

⑫迷人修福不修道：此句及其后几句所明之修福与修道的关系问题，可谓是对《疑问品》关于福德与功德之区分的进一步说明。这种不停留于世间有为修福的态度对惠能南宗禅的发展影响深远，永嘉真觉大师《证道歌》有云："住相布施生天福，犹如仰箭射虚空。势力尽，箭还坠，招得来生不如意。"古人曰："人天福报，为三生冤。人罕知之，良由世人因其福力，不明其本，就上增添，以此世福，恣情娱乐。临命终时，福尽业在，返堕恶道，受种种苦。故云招得来生不如意也。"

⑬三恶：指人之贪、嗔、痴三种恶心。人有此三恶，难以教化。也指地狱、饿鬼、畜生等"三恶道"之略称。或云种恶、现前恶、不返恶，谓之"三恶"。

⑭罪还在：有因必有果，因果不爽故。造福善力强，先报其善，不善业仍在，终当报也，故云"罪还在"。古人云："善有善报，恶有恶报，不是不报，时辰未到。"

⑮"学道"二句：学道即观自性，观自性者，即是佛一类，故云同一类。《六祖金刚经口诀》："昔我如来，以大慈悲心，悯一切众生迷错颠倒，流浪生死之如此。又见一切众生，本有快乐自在性，皆可修证成佛。欲一切众生，尽为圣贤生灭，不为凡夫生灭。犹虑一切众生，无始以来，流浪日久，其种性已差，未能以一法速悟，故为说八万四千法门，门门可入，皆可到真如之地。每说一法门，莫非丁宁实语，欲使一切众生，各随所见法门，入自心地。到自心地，见自佛性，证自身佛，即同如来。"《长沙景岑招贤禅师语录》："僧问：'如何是文殊？'师云：'墙壁瓦砾是。'又问：'如何是观音？'师云：'音声语言是。'又问：'如何普贤？'师云：'众生心是。'又问：'如何是佛？'师云：'众生色身是。'僧曰：'河沙诸佛体皆同，何故有种种名字？'师云：'从眼根返源，名为文殊。耳根返源，名为观音。从心返源，名为普贤。文殊是佛妙观察智，观音

是佛无缘大慈,普贤是佛无为妙行。三圣是佛之妙用,佛是三圣
之真体。用则有河沙假名,体则总名一薄伽梵。'"

⑯法相:诸法一性而相殊,殊别之相由外可见,故名"法相"。又谓
法定之形相也。

⑰虔:身心端严纯一也。

⑱虽去吾千里,如常在吾边:《四十二章经》:"佛言:'佛子离吾数千
里,忆念吾戒,必得道。在吾左右,虽常见吾,不顺吾戒,终不
得道。'"

【译文】

"什么是清净法身佛呢? 世上的人们自性本来清净,一切万法都从
自我本性中生起。思虑一切邪恶之事,就生出邪恶行为;心中思虑一切
善好之事,就会生起善好的行为。像这样的一切法都存在于自我本性
中,如同天空永远清湛,日月永远光明,而被浮云覆盖后,上面虽明亮,
下面世间却顿入黑暗。忽然遇到风起吹动,浮云驱散,则上下全部通明
透彻,一切景象全部显现。世上人们的自我本性常呈浮动飘游的状态,
就好像在天空中时常盖覆的浮云。

"善知识! 智就像太阳,慧就像月亮,智慧就像日月永放光明。执
着于外境,就被妄念一般的浮云遮盖罩覆了自我本性,不能得到通明朗
照。如果遇到善知识,听闻了真正的佛法,自我除却愚迷痴妄,内外通
明透彻,在自我本性中世间万法全部显现。能识见本性的人,就是这
样;这叫做清净法身佛。

"善知识! 自我本心归于自我本性,就是皈依了真正的佛。自我皈
依的人,除去自我本性中的不善之心、嫉妒之心、谄曲之心、吾我心、诳
妄心、轻人心、慢他心、邪见心、贡高心,以及时时刻刻的不善的行为;常
常自我识见自己的罪过,不议论他人的好坏善恶,就是自我皈依。常常
立下决心,一切都奉行恭敬,就是识见本性,通达无碍,更无滞塞,就是
自我皈依。

"什么叫做圆满报身？比如一盏灯除却千年的黑暗，一个智慧灭尽了万年的愚迷。不要总是思虑以前，过往的过错已不能得以重新更正，应该时常思虑今后，时时刻刻保持圆融明彻，自我识见本性，善与恶虽然不同，但它们本性没有差别。没有差别的本性，叫做实性，在实性中，不沾染执着善恶分别，这叫做圆满报身佛。

"自我本性中生起一恶念，就能断灭万劫所修善因。自我本性中生起一善念，就能使得恒河沙一样多的恶业消失灭尽。直接成就无上菩提，时时刻刻自见本心，不失见性本念，叫做报身。

"什么叫做千百亿化身？如果不去思虑一切事物现象，本性原来就如同虚空。思虑一个念头，这就是变化。思虑恶的事，自我本性变成地狱，思虑善的事，自我本性变为天堂；起毒害心时变成龙蛇，生慈悲心时变成菩萨；生智慧时达到上界诸天的境界，犯痴愚时沦为下方恶道的境地。自我本性变化是非常多的，愚迷之人不能够内省觉悟。时时生起恶念，常常践行恶道；当一个善念回转，智慧则又立刻生起。这叫做自性化身佛。

"善知识！法身佛本来具足在自我本性中，时时自己识见自我本性，就是报身佛；从报身佛去思量变化，就是化身佛；自我觉悟、自我修行自我本性功德，这是真正的皈依。人的皮肉是色身，色身如同房屋宅舍，不能说是皈依色身这个处所。只要能悟到自我本性中存在三身佛，就是识见了自我本性的佛。

"我有一个无相颂，如果能念诵奉持，立刻能让你累世所积累的恶劫迷罪，一刹那之间消失灭尽。"颂是：

　　　　迷人修福不修道，只言修福便是道。
　　　　布施供养福无边，心中三恶元来造。
　　　　拟将修福欲灭罪，后世得福罪还在。
　　　　但向心中除罪缘，名自性中真忏悔。
　　　　忽悟大乘真忏悔，除邪行正即无罪。

学道常于自性观，即与诸佛同一类。

吾祖惟传此顿法，普愿见性同一体。

若欲当来觅法身，离诸法相心中洗。

努力自见莫悠悠，后念忽绝一世休。

若悟大乘得见性，虔恭合掌至心求。

惠能大师说："善知识！全部都要念诵记取，依照这个颂去修行。当下识见本性，你们即使离我有千里之遥，也好像时时都未离开我身边。如果当下不能开悟，即使我们面对面，也好似远隔千里，更何苦辛勤远道而来呢？好好自我珍重都回去吧！"大家听闻了佛法，没有不开悟的，内心欢喜，信奉修行。

机缘品第七

【题解】

本品记叙了六祖惠能大师听到比丘尼无尽藏诵《大涅槃经》后为之解说，并提出"诸佛妙理，非关文字"，表明了南宗禅"不立文字"的思想。接着记叙了惠能得法后，各方学者前往请益的事由，通过惠能大师对僧法海、僧法达、僧智通、僧智常、僧志道以及行思禅师、怀让禅师、永嘉玄觉禅师、智隍禅者和僧方辩等一系列弟子的机缘对话、教化开示，侧面阐扬了南宗禅的诸多思想旨趣，如"成一切相即心，离一切相即佛"，"于相离相，于空离空"，"说似一物即不中"等。

师自黄梅得法，回至韶州曹侯村，人无知者。有儒士刘志略，礼遇甚厚①。志略有姑为尼②，名无尽藏，常诵《大涅槃经》。师暂听，即知妙义，遂为解说。尼乃执卷问字。

师曰："字即不识，义即请问。"

尼曰："字尚不识，焉能会义？"

师曰："诸佛妙理，非关文字③。"

尼惊异之。遍告里中耆德云④："此是有道之士，宜请供养。"

有魏武侯玄孙曹叔良及居民⑤,竞来瞻礼。时,宝林古寺自隋末兵火,已废。遂于故基重建梵宇⑥,延师居之,俄成宝坊⑦。

师住九月余日,又为恶党寻逐,师乃遁于前山⑧,被其纵火焚草木,师隐身挨入石中得免。石今有师趺坐膝痕⑨,及衣布之纹,因名"避难石"。师忆五祖怀会止藏之嘱,遂行隐于二邑焉⑩。

【注释】

①礼遇:以礼相待。

②有姑为尼:即出家之女子,梵语"比丘尼"、"比丘"之语通于男女,而尼音则示女性也。

③诸佛妙理,非关文字:即佛法的切要处并不在于文字之中。《传心法要》中这样记载裴休相公曾问于黄檗希运禅师说:"山中四五百人,几人得和尚法?"希运禅师说:"得者莫测其数。"因为道在心悟,并不在于言说。言说只是用来教化童蒙的。

④耆德:年高德重之人。《周礼》云:"六十曰耆。"《周雅释诂》云:"耆,长也。"

⑤魏武侯玄孙:《三国志·魏书》云,太祖武帝,姓曹氏,讳操,字孟德。追谥为武皇帝。玄孙,即远孙。或云,曹氏玄孙有仕晋封侯者,故有作"晋武侯玄孙"。

⑥梵宇:佛寺的别称,即佛寺。

⑦俄:顷也。时之至短速者即曰俄顷。宝坊:寺院的美称。《大集经》云:"尔时如来示现无量神通道力,渐渐至彼七宝坊中。"又云:"诸大菩萨俱共发来,至娑婆世界大宝坊中,见释迦牟尼佛。"

⑧遁:即隐避、躲藏也。

⑨跏(fū)坐：即结跏趺坐也。慧琳《一切经音义》云："结跏趺坐略
　有二种：一曰吉祥，二曰降魔。凡坐皆先以右趾押左股，后以左
　趾押右股，此即右押。右手亦居左上，名曰降魔坐。诸禅宗多传
　此坐。若依持明藏教瑜伽法门，即传吉祥为上，降魔坐有时而
　用。其吉祥坐，先以左趾押右股，后以右趾押左股，令二足掌仰
　于二股之上。手亦右押左，仰安跏趺之上，名为吉祥坐。如来昔
　在菩提树下成正觉时，身安吉祥之坐，手作降魔之印。是故如来
　常安此坐，转妙法轮。"

⑩二邑：即怀集、四会二县。

【译文】

　　惠能大师从黄梅五祖弘忍大师那里得受衣法之后，来到韶州曹侯
村，没有人知道他的事。当时有个儒士叫刘志略，礼敬待遇惠能大师非
常殷勤。刘志略有个姑姑出家做比丘尼，法名无尽藏，经常念诵《大涅
槃经》。惠能大师稍微一听就知道经中所说的玄妙义理，就给无尽藏解
说经义。无尽藏于是手拿经卷请教惠能经中的文字。

　　惠能说："说到字我是不认识的，如果有义理方面的疑问尽可
以问。"

　　尼姑无尽藏说："字尚且不认识，怎么能体会经文要义呢？"

　　惠能大师说："一切佛法的微言大义，都是与文字无关的。"

　　尼姑无尽藏听后十分惊讶。告诉了乡里全部的年高德重的长者，
说："这是个有道行的人，应该请来好好供养。"

　　有魏武侯的玄孙曹叔良和附近的居民，争相涌来瞻仰礼敬惠能大
师。当时，有一个古老的宝林寺，自从隋朝末年遭遇兵火战乱，已经毁
废很久了。于是便在旧地址上重新建盖寺庙，请惠能大师居寺住持，顷
刻之间，那里便成了佛法圣地。

　　惠能大师住了九个多月，又被恶党们寻找追踪，惠能大师于是就隐
藏在前山，又遭遇恶党们放火烧山加害，大师将身体隐藏在石头中间才

幸免于难。今天石头上还有惠能大师结跏趺坐时膝盖的印痕和衣服上的布纹，因此给石头命名为"避难石"。大师想起五祖"逢怀则止，遇会则藏"的叮嘱，便到怀集、四会两个县的境内隐藏了起来。

　　僧法海，韶州曲江人也。初参祖师。

　　问曰："即心即佛①，愿垂指谕。"

　　师曰："前念不生即心②，后念不灭即佛；成一切相即心③，离一切相即佛④。吾若具说，穷劫不尽。听吾偈。"曰：

　　　　即心名慧，即佛乃定；

　　　　定慧等持⑤，意中清净。

　　　　悟此法门，由汝习性⑥；

　　　　用本无生⑦，双修是正。

　　法海言下大悟，以偈赞曰：

　　　　即心元是佛，不悟而自屈；

　　　　我知定慧因，双修离诸物。

　　僧法达，洪州人⑧，七岁出家，常诵《法华经》⑨。来礼祖师，头不至地⑩。

　　师诃曰："礼不投地，何如不礼？汝心中必有一物，蕴习何事耶？"

　　曰："念《法华经》已及三千部。"

　　师曰："汝若念至万部，得其经意，不以为胜，则与吾偕行。汝今负此事业，都不知过。听吾偈。"曰：

　　　　礼本折慢幢⑪，头奚不至地；

　　　　有我罪即生⑫，亡功福无比。

　　师又曰："汝名什么？"

曰:"法达。"

师曰:"汝名法达,何曾达法^⑬?"复说偈曰:

汝今名法达,勤诵未休歇;

空诵但循声^⑭,明心号菩萨。

汝今有缘故,吾今为汝说;

但信佛无言,莲华从口发。

达闻偈,悔谢曰^⑮:"而今而后,当谦恭一切。弟子诵《法华经》,未解经义,心常有疑。和尚智慧广大,愿略说经中义理。"

师曰:"法达!法即甚达,汝心不达。经本无疑,汝心自疑。汝念此经,以何为宗?"

达曰:"学人根性暗钝,从来但依文诵念,岂知宗趣!"

【注释】

①即心即佛:此语在禅宗早期常出现在禅宗对净土宗经典《佛说观无量寿经》中的"是心作佛,是心是佛"的禅宗式的诠释中,后来则几乎成为禅宗人士参禅悟道的话头公案。唐代僧人慧海的《顿悟入道要门》中记载:"有行者问:'即心即佛,那个是佛?'师云:'汝疑那个不是佛?指出看!'无对。"宋僧道原的《景德传灯录》中则有这样的记载,明州大梅法常禅师问:"如何是佛?"大寂(马祖道一)云:"即心是佛。"师即大悟,直入大梅山住二十年。祖令一僧去问:"和尚见马师,得个什么,便住此山?"师云:"马师向我道即心是佛,我便向遮里住。"僧云:"马师近日佛法又别。"师云:"作么生别?"僧云:"近日又道非心非佛。"师云:"遮老汉惑乱人未有了日!任汝非心非佛,我只管即心即佛。"其僧回,举似马祖。祖云:"大众,梅子熟也。"

②前念不生：念，指意念，又指刹那的时间。过去者称"前念"，相续者称"后念"。前念、后念指心在瞬间的变化。前念不生即指前一个念头已经过去，不要再留恋它的再生，对自己的思维活动不要执着。下文的"后念不灭"，指将要出现的念头任其出现，不必故意限制压抑自己的认识活动。

③成一切相即心：就是说外在一切事物和现象都是心的派生物。相，形相或状态的意思；相对于性质、本体等而言，即指诸法之形象状态。

④离一切相即佛：自心不为外在的一切事物和现象所干扰就达到了觉悟。

⑤等持：即定慧均等修持之谓也。《涅槃经》云："定慧等故，明见佛性。"《顿悟入道要门论》云："僧问：'如何是定慧等学？'师曰：'定是体，慧是用。从定起慧，从慧归定。如水与波一体，更无前后，名定慧等学。'"

⑥习性：又名"习种性"，即以前研习所修成的性，故《地持经》云："习种性者，若从先来修善所得，是名习种性。"

⑦用本无生：定是慧体，慧是定用。定体起慧用，慧寂而常照，虽照而常寂。寂故而无生无灭也，无生无灭之所起用亦无生无灭也，故能照而常寂，是乃本来一如之正法也。

⑧洪州：隋置旋废，唐复置，南唐建为南都，宋初复为洪州，旋又改为隆兴府。今江西南昌，即旧时州治也。

⑨《法华经》：《法华经》即《妙法莲华经》的略称，七卷，二十八品。《法华经·法师品》曰："是《法华经》藏，深固幽远，无人能到。"《法华经·安乐行品》曰："此《法华经》，诸佛如来秘密之藏，于诸经中最在其上。"此经译本较多，以姚秦天竺沙门鸠摩罗什译最为流行。明代僧人智旭云："此经乃如来究竟极谈，具明施设一代时教所以然之线索。如家业之有总帐簿，如天子之有九鼎也。

非精研智者大师《玄义》、《文句》，不能尽此经之奥。仍须以荆溪尊者《释签》、《妙乐》辅之。"其中的智者大师和荆溪尊者均为天台宗祖师，他们对《法华经》的诠释比较具有代表性。

⑩头不至地：此从"头至地"而来，头至地即以我所贵之首接彼所贱之足，五体投地，以表至敬也。

⑪礼本折慢幢（chuáng）：指礼本来就是消除傲慢心理的。幢，又作"宝幢"、"天幢"、"法幢"，为旗之一种，用以庄严佛菩萨及道场。谓圆桶状者为"幢"，长片状者为"幡"。慢幢比喻骄傲高慢之心如说法时高耸之幢。

⑫有我：圭峰宗密禅师《原人论》中云："形骸之色，思虑之心，从无始来，因缘力故，念念生灭，相续无穷。如水涓涓，如灯焰焰，身心假合，似一似常。凡愚不觉，执之为我。宝此我故，即起贪嗔痴等三毒。三毒击意，发动身口，造一切业。"

⑬何曾达法：若实达于法，行住坐卧，出息入息，皆真诵经。今徒劳于文句，故知未达真妙法也。

⑭但循声：即只是口诵而心实未诵也。

⑮悔谢：即忏悔谢罪。

【译文】

僧人法海，是韶州曲江人氏。一开始他参礼六祖惠能大师。

问："即心即佛是什么意思，希望您能给予指示教谕。"

惠能大师说："对已生之念不留恋即是心，对将生之念任其显现就是佛；能成万法一切相的是心，能离万法一切相的是佛。我若是给你具体详细地说，可能穷尽无数劫的时间也说不完，你听我的偈吧。"偈说：

　　即心名慧，即佛乃定；

　　定慧等持，意中清净。

　　悟此法门，由汝习性；

用本无生，双修是正。

法海立刻全部开悟，用一首偈来感慨赞叹：

即心元是佛，不悟而自屈；

我知定慧因，双修离诸物。

僧人法达，洪州人。七岁时出家为僧，常常念诵《法华经》。他来礼拜六祖惠能大师，行礼时头却不触到地面。

惠能大师斥责他说："行礼头不触地，还不如不行礼。你心中肯定执着于一个事物，平时都修行什么？"

法达说："我念诵《法华经》已经达到三千部了！"

六祖惠能大师说："你如果念到上万部，得悟经文的大义，却仍然不以为了不起，那么你可以和我一起修行。你现在以这个事业自负自傲，都还不知道自己的罪过。听我的偈吧。"偈说：

礼本折慢幢，头奚不至地；

有我罪即生，亡功福无比。

惠能大师又说："你叫什么名字？"

法达回答说："我叫法达。"

惠能大师说："你名字叫法达，你哪里通达佛法了？"又说一个偈道：

汝今名法达，勤诵未休歇；

空诵但循声，明心号菩萨。

汝今有缘故，吾今为汝说；

但信佛无言，莲华从口发。

法达听了偈后，后悔不已，向惠能大师谢罪说："从今以后，我应该对一切保持谦恭的态度。弟子念诵《法华经》，并没有体解佛经大义，心中常常生起疑惑。大师具有无边广大的智慧，希望大致为我讲说经文义理。"

惠能大师说："法达！佛法本是十分通达的，你的本心愚迷就不能达到了。佛经原本不存在疑惑，你的自心生起疑惑。你念这个佛经，认为什么是它的宗旨啊？"

　　法达说："我根器禀性晦暗愚钝，从来只知道依照文字念诵经文，我哪里还知道经文的宗旨和旨趣啊！"

　　师曰："吾不识文字，汝试取经诵一遍，吾当为汝解说。"法达即高声念经，至《譬喻品》①。师曰："止②！此经元来以因缘出世为宗③。纵说多种譬喻，亦无越于此。何者因缘？经云：'诸佛世尊，唯以一大事因缘，出现于世。'一大事者，佛之知见也④。

　　"世人外迷著相，内迷著空。若能于相离相，于空离空，即是内外不迷。若悟此法，一念心开，是为开佛知见。

　　"佛，犹觉也。分为四门：开觉知见，示觉知见，悟觉知见，入觉知见。若闻开示，便能悟入，即觉知见，本来真性而得出现。

　　"汝慎勿错解经意：见他道开示悟入，自是佛之知见，我辈无分。若作此解，乃是谤经毁佛也。彼既是佛，已具知见，何用更开？汝今当信佛知见者，只汝自心，更无别佛。盖为一切众生，自蔽光明，贪爱尘境⑤，外缘内扰，甘受驱驰，便劳他世尊，从三昧起，种种苦口⑥，劝令寝息，莫向外求，与佛无二，故云开佛知见。吾亦劝一切人，于自心中，常开佛之知见。世人心邪，愚迷造罪，口善心恶，贪嗔嫉妒，谄佞我慢⑦，侵人害物，自开众生知见⑧。若能正心，常生智慧，观照自心，止恶行善，是自开佛之知见。

　　"汝须念念开佛知见，勿开众生知见，开佛知见，即是出世。开众生知见，即是世间。汝若但劳劳执念，以为功课者,何异牦牛爱尾⑨?"

【注释】

①《譬喻品》:经名。《法华经》二十八品中之第三品,出于经的第二卷。

②止:即惠能大师使法达止于《法华经》的《方便品》,不再诵读下文之《譬喻品》。

③出世:"出世间"的略称,即超越世俗、出离世尘的意思,指诸佛出现于世间成佛,以教化众生;也指跳出世间不再受生死。

④佛之知见:《法华经·方便品》曰:"开佛知见。"即指佛的智慧。知见,指依自己的思虑分别而立的见解。与智慧有别,智慧是般若的无分别智,为离思虑分别之心识。

⑤尘境:指心的对象,为六尘之心所对者,即色、声、香、味、触、法等六境。

⑥种种苦口:根据不同的情况,利用不同的方法来教化。

⑦我慢:视"我"为一己之中心,由此所执之"我"而形成骄慢心。

⑧众生知见:指会导致凡夫生起烦恼的见解。

⑨牦(lí)牛爱尾:出自《法华经·方便品》。人们不舍自己的欲望,正像牦牛爱自己的尾巴一样。

【译文】

惠能大师说:"我不认识字,你先把佛经拿来念诵一遍,我会给你讲解的。"法达立刻大声念诵经文,念到《譬喻品》的时候,惠能大师说:"停,这部经原本是以如来以何因缘出现于世间为宗旨的。纵然说了许多种比喻,也不超越这个宗旨。什么是因缘?佛经上说:'一切佛菩萨,都是为了一件大事的因缘才出现在世间的。'这种大事就是佛的真知正见。

"世上的人在外就执着于外境相状,对内又执着于虚妄空寂。如果能在一切相上又超离一切相，在一切空中又超离一切空，那就是对内对外都不执迷。如果悟到这个法门，一念之间，顿然开悟，这就是开悟佛的知见。

　　"佛，就是觉悟。分为四门：开启觉知之见，显示觉知之见，证悟觉知之见，契入觉知之见。如果听到开示，就能契悟证入，这就是觉知见，本来具有的真如佛性因而得以显现。

　　"你千万慎重不要错误理解了佛经的大义：听他讲开、示、悟、入四门觉知见，认为这本是佛的知见，与我们这样的人没有关系。如果作这样的理解，那就是诽谤经典毁誉佛祖。佛既然已经是佛了，已经具足知觉正见，还用再开悟做什么？你今天应该正信所谓佛知见，只是在你自己心中，更没有其他的佛。因为一切众生，自我遮蔽智慧光明，贪欲爱憎尘世俗境，外缘浸染，内妄滋扰，因而自甘为此一切尘劳驱策奔驰，更加劳烦我佛世尊，从禅定开始，苦口婆心，劝诫众生使之息心止念，不要向心外妄求，就能和佛没有分别，所以说是开悟佛的知见。我也劝告所有人，在自我本心中，常常开悟佛的知见。世上的人心易生邪念，愚昧执迷，造作业罪。嘴上说善，心中行恶，贪欲嗔怒、嫉妒、谄媚、虚妄、自我、傲慢、害人害物，这都是自己开悟众生世俗的知见。如果能端正本心，常常生起智慧，观察审照自我本心，止断恶念，奉行善心，就是自己开悟佛的知见了。

　　"你必须心心念念、时时刻刻开悟佛的知见，不要开众生的世俗知见，开悟佛的知见，就是超凡出世。开了众生的知见，就是堕入世间。你如果只是辛辛苦苦白白地执迷众生知见，却仍然以为是在修道立功德，这与牦牛爱护自己的长尾巴，执迷贪恋有什么区别呢？"

　　达曰："若然者，但得解义，不劳诵经耶？"

　　师曰："经有何过，岂障汝念！只为迷悟在人，损益由己。口诵心行，即是转经①；口诵心不行，即是被经转。听吾偈。"曰：

> 心迷《法华》转②，心悟转法华。
>
> 诵经久不明，与义作仇家。
>
> 无念念即正，有念念成邪。
>
> 有无俱不计，长御白牛车③。

达闻偈，不觉悲泣，言下大悟，而告师曰："法达从昔已来，实未曾转法华，乃被法华转。"再启曰："经云：诸大声闻乃至菩萨，皆尽思共度量，不能测佛智。今令凡夫但悟自心，便名佛之知见，自非上根，未免疑谤。又经说三车④，羊鹿牛车与白牛之车，如何区别？愿和尚再垂开示。"

师曰："经意分明，汝自迷背。诸三乘人⑤，不能测佛智者，患在度量也。饶伊尽思共推，转加悬远。佛本为凡夫说，不为佛说。此理若不肯信者，从他退席。殊不知坐却白牛车，更于门外觅三车。况经文明向汝道：唯一佛乘，无有余乘，若二若三，乃至无数方便，种种因缘、譬喻言词，是法皆为一佛乘故。汝何不省！三车是假，为昔时故；一乘是实，为今时故。只教汝去假归实，归实之后，实亦无名。应知所有珍财，尽属于汝，由汝受用；更不作父想⑥，亦不作子想⑦，亦无用想⑧，是名持《法华经》。从劫至劫，手不释卷，从昼至夜，无不念时也。"

达蒙启发，踊跃欢喜。以偈赞曰：

> 经诵三千部，曹溪一句亡。
>
> 未明出世旨，宁歇累生狂？
>
> 羊鹿牛权设，初中后善扬⑨。

谁知火宅内^⑩，元是法中王^⑪。

师曰："汝今后方可名念经僧也。"

达从此领玄旨，亦不辍诵经。

【注释】

①转经：读诵经典。完整诵读一部经者，称"真读"。仅读诵其初、中、后之数行，或仅翻页拟作读经状，均称为"转经"，又称"转读"。

②心迷《法华》转：心中不明白经义，只是口中念诵《法华经》，这就等于被《法华经》所"转"，没有真正地诵念经文，所以没有"转经"。

③长御白牛车：《法华经》以"白牛车"比喻一佛乘，即获得了佛的智慧。《坛经》讲的"白牛车"和"一佛乘"，实为借用这些名称来表达禅宗的教义。

④三车：羊车、鹿车、牛车，次第譬喻声闻乘、缘觉乘、大乘者。羊车是形容声闻乘只能自度，不能度他，好像一辆小小的羊车不能装载货物；鹿车是形容缘觉乘能自度兼度亲属，好像一辆鹿车能载少许的货物；牛车是形容菩萨乘不但自度且能普度众生，好像一辆大牛车能运载许多的货物。

⑤三乘人：声闻乘、缘觉乘、菩萨乘。"声闻乘"又名"小乘"，可证阿罗汉果；"缘觉乘"又名"中乘"，可证辟支佛果；"菩萨乘"又名"大乘"，可证无上佛果。

⑥更不作父想："父"指《法华经》中讲的"大宝长者"，他曾把财物分给儿子们。这里的意思是所有的财宝（佛性）都是自己本有的，不要认为是大富长者（即代表佛）的。

⑦亦不作子想：子，指大富长者的儿子，这里指众生。这句话的大意是不要认为财富（佛性）是他人的。

⑧亦无用想：所要表达的是父想、子想、用想都不应作意，即连想也不要想。虽说禅宗的立场是不必到自身之外寻求佛性，但也进一步认为连向自心寻找佛的念头也应破除，因为这样将限制自己的认识活动，也是一种执着。

⑨初中后善：初善、中善、后善。初善，指羊车，譬喻声闻乘；中善，指鹿车，比喻缘觉乘；后善，即牛车，比喻大乘者。

⑩火宅：比喻迷界众生所居住的三界。语出《法华经·譬喻品》中的火宅喻。众生生存于三界中，受各种迷惑之苦，然犹不自知其置身苦中，譬如屋宅燃烧，而宅中稚儿仍不知置身火宅，依然嬉乐自得。譬喻三界之生死，譬如火宅也。

⑪法中王：指经过长时间修梵行，并证得无上菩提的修行者。

【译文】

法达说："要是这样，只要能理解佛法大义，就不要念诵佛经了吗？"

惠能大师说："佛经有什么过错，难道妨碍你念诵了吗！只是由于愚迷和开悟在于你个人，损失和增益全由你自己。口中念诵经文，内心奉行，这样才是运转起用佛经；口中念诵，心中不奉行，这是被佛经所牵引运转了。听我的偈。"偈说：

心迷《法华》转，心悟转法华。

诵经久不明，与义作仇家。

无念念即正，有念念成邪。

有无俱不计，长御白牛车。

法达听了偈后，不觉地悲伤哭泣，立刻大悟，转而告诉惠能大师说："法达从过去以来，实在是从没有转运起用过法华经义，而是被法华经文牵引运转着。"又禀告说："佛经中说，一切大声闻乃至菩萨全部思索度量，也不能揣测佛的智慧。现在凡夫俗子们，只要开悟自我本心，便说是佛的知见，不是上等根器的人，难免会对此说法有疑惑和毁谤。另外佛经上说了三种车乘，羊车、鹿车、牛车，还有一种白牛车，如何区别这些呢？希望大师再给予开示。"

惠能大师说："佛经中的意思非常清楚明白，是你自己迷惑，背道而驰。那些三乘人，不能揣测佛的智慧，其错误就在于用思维去揣测度量。任凭他们费尽心思一起推测，反而离佛的智慧越来越远。佛本来是为凡夫俗子们宣讲教法的，不是为佛自己说的。如果不肯相信这个道理的人，任他退场出去，不要听了。竟然不知道自己坐上了白牛车，却还在门外找寻羊车、鹿车和牛车。况且经文明明白白地向你说了：只有唯一的佛乘，没有别的教乘，如果有第二个、第三个，甚至无数个方便法门，各种各样的因缘际会、譬喻比方、言语词句，这些方便法门都是为了说明这一佛乘。你怎么不省悟！所谓羊、鹿、牛车是假设，是为过去愚迷众生作的比喻；大白牛车是真实的，是为了当今人而设的。这只是要教导你去除假相回归真实，回归真实之后，真实本身也没有了，也不应该执着。你应该知道珍宝、财富，都是属于你的，由你享用。不要想这个财产是你父亲的，也不要想这个财产是你儿子的，也不要想这是财富，这样才是叫作奉持《法华经》。如果这样，就如同在前一劫到后一劫的漫长时间里，在任何时间，都手不释卷，从早到晚都在念诵心行《法华经》。"

法达受到启发，高兴得手舞足蹈，用一首偈来赞叹：

经诵三千部，曹溪一句亡。

未明出世旨，宁歇累生狂？

羊鹿牛权设，初中后善扬。

谁知火宅内，元是法中王。

惠能大师说："你从今以后才可以被称为念经僧人。"

法达从此领受了《法华经》玄深的教旨，同时也没有停止念诵佛经。

僧智通[1]，寿州安丰人，初看《楞伽经》，约千余遍，而不会三身四智[2]。礼师求解其义。

师曰:"三身者,清净法身,汝之性也;圆满报身,汝之智也;千百亿化身,汝之行也。若离本性,别说三身,即名有身无智[3]。若悟三身无有自性[4],即名四智菩提。听吾偈。"曰:

自性具三身,发明成四智。

不离见闻缘,超然登佛地。

吾今为汝说,谛信永无迷。

莫学驰求者,终日说菩提。

通再启曰:"四智之义,可得闻乎?"

师曰:"既会三身,便明四智,何更问耶? 若离三身,别谈四智。此名有智无身,即此有智,还成无智。"复说偈曰:

大圆镜智性清净,平等性智心无病,

妙观察智见非功,成所作智同圆镜。

五八六七果因转[5],但用名言无实性[6],

若于转处不留情,繁兴永处那伽定[7]。

通顿悟性智[8],遂呈偈曰:

三身元我体,四智本心明;

身智融无碍,应物任随形。

起修皆妄动,守住匪真精;

妙旨因师晓,终亡染污名。

【注释】

①智通:唐代禅僧,生卒年不详。据《景德传灯录》卷十载,师参礼归宗智常求法,一夕突大呼:"我已大悟也。"次日,智常问之,答:"师姑天然是女人作。"智常许之。后居五台山法华寺,自称"大禅佛"。示寂前举偈云:"举手攀南斗,回身倚北辰,出头天外看,

谁是我般人?"

②四智:指四种智慧。法相宗所立如来的"四智"。凡夫有八识,至如来转为"四智"。一大圆镜智,转第八识者;二平等性智,转第七识者;三妙观察智,转第六识者;四成所作智,转第五识者。

③有身无智:禅宗认为离开了人的自我本性,一切都是虚幻不真实的。因为"四智"不离本性,若离本性而说"三身",所谈的就只能是不起智用的空洞名言概念,不是真正的"三身"。

④三身无有自性:"三身"是从一个自我的本性而生的,并非说"三身"中各有一个自性。

⑤五八六七果因转:五,指八识中之前五识,眼、耳、鼻、舌、身对于色、声、香、味、触之"五尘",能起五种识。八,指第八识,又名"阿赖耶识"。六,则指"八识"中之第六识,即意识。七,是"八识"中之第七识,即末那识。前五识及第八识,属于果。第六识、第七识,属于因。前五识和第八识必需到成就佛果时才能转为所作智和大圆镜智,所以叫做"果上转"。第六识和第七识却能在未成就佛果前就能转为"妙观察智"和"平等性智",因而叫做"因中转"。

⑥实性:"真如"的异名。

⑦那伽定:意译为"龙",有"定"的意思。龙定止于深渊曰"那伽定"。

⑧顿悟性智:即认识、理解了关于从自性上谈"三身"和"四智"的理论。

【译文】

僧人智通,寿州安丰人氏,最初看《楞枷经》,大约看了一千多遍,却还不领会三身四智的意思。前来礼敬惠能大师请求开解大义。

惠能大师说:"三身,即清净的法身,这是你的本性;圆满的报身,这是你的智慧;千百亿的化身,这是你的行为。如果说脱离了自性,另外

讲三身,这叫作有身无智。如果悟到了三身却没有自性,这叫做四智菩提。听我的偈。"偈说:

自性具三身,发明成四智。

不离见闻缘,超然登佛地。

吾今为汝说,谛信永无迷。

莫学驰求者,终日说菩提。

智通又问:"四智的道理,可以听您讲讲吗?"

惠能大师说:"既然领会了三身之意,就明了四智的意义,何必再问呢?如果脱离了三身,再谈什么四智,这叫做有智无身,就是本身具有这个智慧,表现出来的却是没有智慧。"又说偈:

大圆镜智性清净,平等性智心无病,

妙观察智见非功,成所作智同圆镜。

五八六七果因转,但用名言无实性,

若于转处不留情,繁兴永处那伽定。

智通立刻顿悟了在自性上谈三身四智的道理,便呈上自作的偈:

三身元我体,四智本心明;

身智融无碍,应物任随形。

起修皆妄动,守住匪真精;

妙旨因师晓,终亡染污名。

僧智常,信州贵溪人[①]。髫年出家,志求见性。一日参礼。

师问曰:"汝从何来,欲求何事?"

曰:"学人近往洪州白峰山礼大通和尚[②],蒙示见性成佛之义,未决狐疑。远来投礼,伏望和尚慈悲指示。"

师曰:"彼有何言句,汝试举看?"

曰:"智常到彼,凡经三月,未蒙示诲。为法切故,一夕独入丈室③,请问如何是某甲本心本性。大通乃曰:'汝见虚空否?'对曰:'见!'彼曰:'汝见虚空有相貌否?'对曰:'虚空无形,有何相貌?'彼曰:'汝之本性,犹如虚空,了无一物可见,是名正见;无一物可知,是名真知。无有青黄长短,但见本源清净,觉体圆明,即名见性成佛,亦名如来知见。'学人虽闻此说,犹未决了,乞和尚开示。"

师曰:"彼师所说,犹存见知,故令汝未了。吾今示汝一偈。"曰:

> 不见一法存无见④,大似浮云遮日面。
> 不知一法守空知⑤,还如太虚生闪电。
> 此之知见瞥然兴,错认何曾解方便⑥。
> 汝当一念自知非,自己灵光常显现。

常闻偈已,心意豁然,乃述偈曰:

> 无端起知见,著相求菩提⑦,
> 情存一念悟,宁越昔时迷⑧。
> 自性觉源体,随照枉迁流,
> 不入祖师室,茫然趣两头。

智常一日问师曰:"佛说三乘法⑨,又言最上乘,弟子未解,愿为教授。"

师曰:"汝观自本心,莫著外法相。法无四乘⑩,人心自有等差。见闻转诵是小乘,悟法解义是中乘,依法修行是大乘。万法尽通,万法俱备,一切不染,离诸法相,一无所得,名最上乘⑪。乘是行义,不在口争,汝须自修,莫问吾也。一切时中，自性自如。"

　　常礼谢执侍，终师之世。

【注释】

①信州：今江西上饶。贵溪：今江西贵溪。

②大通和尚：五祖弘忍大师弟子神秀上座的谥号。

③丈室：即禅寺中住持之居室或客殿，今转为禅林住持或对师父的尊称。俗称"方丈"或"方丈和尚"。

④不见一法存无见：不见一法，指上文大通和尚讲的"了无一物可见"。这里指连"无见"都不应该存在心中，这样将有碍于明心见性。

⑤不知一法守空知：不知一法，指上文大通和尚讲的"了无一物可知"。守空知，就是一种执着，认为真有"无一物可知"。

⑥错认何曾解方便：错以无知无见为真实。追求"无见"、"空知"也是一种对外在一切现象的执着。

⑦著相：执着于相状。这里指对"存无见"和"守空知"的执着。

⑧情存一念悟，宁越昔时迷："悟"本是修行所追求的境界，但如果内心存在一个"无"的念头，或自以为悟了，正好说明没有觉悟，反而是处在"迷"的情况。

⑨三乘：指声闻、缘觉和菩萨三乘。

⑩四乘：三乘加上一乘（佛乘）就是四乘。

⑪最上乘：指大白牛车，比喻得佛乘者。《金刚经》说如来为发大乘者，为发最上乘者。

【译文】

僧人智常，信州贵溪人。幼年时就出家为僧了，立志求得识见本性。一天他来参拜礼敬惠能大师。

　　惠能大师问："你从哪里来，想求做什么？"

　　智常说:"弟子我不久前到洪州白峰山礼敬大通和尚,承蒙开示识见本性、成就佛道的教义,但是还没有解决我心中的狐疑。大老远地跑来礼敬大师,乞望大师慈悲指授开示我。"

　　惠能大师说:"你在大通和尚那里参礼,有些什么对话,你先列举一些我来给你看看。"

　　智常说:"智常我到大通和尚那里,大约住了三个月,仍没有受到开示和教诲。因为求法心切的缘故,一天傍晚我一个人来到方丈室,向大通和尚请教什么是我的本心本性。大通和尚说:'你看到虚空吗?'我回答说:'看到了。'大通和尚问:'你看到虚空有相貌吗?'我回答说:'虚空没有相状,怎么会有相状形貌呢?'大通和尚说:'你的自我本性,就如同虚空,没有一个事物可以识见,这叫做正见;没有一个事物可以认知,这叫做真知。没有青黄长短,只见本源清净,智慧本体圆明,就叫做识见本性成就佛道,也叫做如来知见。'我虽然听到这种说法,但仍然并未了解,恳请大师开示。"

　　惠能大师说:"那位大师所说的,仍然存在着知见,所以让你没有了达,我现在给你一个偈吧。"偈说:

　　　　不见一法存无见,大似浮云遮日面。

　　　　不知一法守空知,还如太虚生闪电。

　　　　此之知见瞥然兴,错认何曾解方便。

　　　　汝当一念自知非,自己灵光常显现。

　　智常听了偈后,心意豁然领悟,便叙述了自作的偈:

　　　　无端起知见,著相求菩提,

　　　　情存一念悟,宁越昔时迷。

　　　　自性觉源体,随照枉迁流,

　　　　不入祖师室,茫然趣两头。

　　智常有一天问惠能大师:"佛说有声闻、缘觉和菩萨三乘教法,却又说了最上乘的成佛方法,对于这一点弟子还没有开解,希望您为我指授教化。"

惠能大师说："你观照自心，不要执着外境外相。佛法本来是没有四乘之分的，是因为人自己心中有等差。能够听讲佛经并转而念诵的是小乘法，解说佛法义理的是中乘法，依照佛法修行的是大乘法。一切教法都能通达，一切教法都自具备，一切都不被沾染，超离一切法相，且一无所得，这叫作最上乘。乘是修行的意思，不在于口头上争论，你需要自己修行，不要问我了。时时刻刻，自我本性如如不动。"

智常礼拜致谢并从此侍奉惠能大师直至去世。

僧志道，广州南海人也①。请益曰："学人自出家，览《涅槃经》十载有余，未明大意，愿和尚垂诲。"

师曰："汝何处未明？"

曰："'诸行无常②，是生灭法；生灭灭已，寂灭为乐③。'于此疑惑。"

师曰："汝作么生疑？"

曰："一切众生皆有二身，谓色身法身也④。色身无常，有生有灭；法身有常，无知无觉。经云：生灭灭已，寂灭为乐者，不审何身寂灭？何身受乐？若色身者，色身灭时，四大分散⑤，全然是苦，苦不可言乐。若法身寂灭，即同草木瓦石，谁当受乐？又法性是生灭之体，五蕴是生灭之用；一体五用，生灭是常。生则从体起用，灭则摄用归体。若听更生，即有情之类，不断不灭。若不听更生，则永归寂灭，同于无情之物。如是，则一切诸法被涅槃之所禁伏⑥，尚不得生，何乐之有？"

师曰："汝是释子，何习外道断常邪见⑦，而议最上乘法？

据汝所说,即色身外别有法身,离生灭求于寂灭。又推涅槃常乐,言有身受用。斯乃执吝生死,耽著世乐。汝今当知佛为一切迷人,认五蕴和合为自体相⑧,分别一切法为外尘相,好生恶死,念念迁流,不知梦幻虚假,枉受轮回⑨,以常乐涅槃,翻为苦相,终日驰求。佛愍此故,乃示涅槃真乐,刹那无有生相,刹那无有灭相,更无生灭可灭,是则寂灭现前。当现前时,亦无现前之量,乃谓常乐。此乐无有受者,亦无不受者,岂有一体五用之名?何况更言涅槃禁伏诸法,令永不生,斯乃谤佛毁法。听吾偈。"曰:

> 无上大涅槃,圆明常寂照。
> 凡愚谓之死;外道执为断;
> 诸求二乘人,目以为无作;
> 尽属情所计,六十二见本⑩。
> 妄立虚假名,何为真实义?
> 惟有过量人,通达无取舍。
> 以知五蕴法,及以蕴中我,
> 外现众色象,一一音声相,
> 平等如梦幻,不起凡圣见;
> 不作涅槃解,二边三际断⑪。
> 常应诸根用,而不起用想;
> 分别一切法,不起分别想。
> 劫火烧海底,风鼓山相击,
> 真常寂灭乐,涅槃相如是。
> 吾今强言说,令汝舍邪见,

　　　　汝勿随言解，许汝知少分。
　　　　志道闻偈大悟，踊跃作礼而退。

【注释】

①广州南海：即今天的广东佛山。

②诸行无常：世间一切现象与万物经常转变不息。这是佛法之根
　　本大纲。与诸法无我、涅槃寂静，同为"三法印"之一。

③寂灭为乐：远离迷惑世界之境地。此境地对处于生死流转不安
　　的迷界众生而言，含有快乐之意，故称"寂灭为乐"。寂灭，是"涅
　　槃"的语译。

④色身：指有色有形之身，广指肉身而言。但佛典中多用以指佛、
　　菩萨的相好身，即相对于无色无形的法身，称有色有形的身相为
　　"色身"。法身：又名"自性身"，或"法性身"，即指佛所说的正法、
　　佛所得之无漏法，及诸佛所证的真如法性之身。

⑤四大分散：人们的肉身，就是由地、水、火、风之坚、湿、暖、动等性
　　所构成的。此四大种性如果不调和，肉身就会散坏，即人的肉体
　　将生病或死亡。

⑥涅槃（niè pán）：又译作"泥曰"、"泥洹"、"涅槃那"等。意译为
　　"灭"、"灭度"、"寂灭"、"安乐"、"无为"、"不生"、"解脱"、"圆寂"
　　等。涅槃的字义，有消散的意思，即苦痛的消除而得自在。也就
　　是灭生死之因果，渡生死之瀑流，达到智悟的菩提境界。

⑦断常：即断见和常见。断有灭绝之意，持此见者坚持人死之后身
　　心断灭不复再生的邪见；常即永恒存在，持此见者坚持身心常住
　　永恒不灭的邪见。

⑧五蕴：指构成一切有为法的五种要素，即色蕴、受蕴、想蕴、行蕴、
　　识蕴。蕴，意指积集，旧译作"阴"、"众"、"聚"，故"五蕴"又称"五
　　阴"、"五众"、"五聚"。

⑨轮回：又作"流转"、"死"、"生死轮回"、"生死相续"、"轮回转生"、"轮回"、"轮转"等。谓众生由惑业之因（贪、嗔、痴三毒）而招感"三界"、"六道"之生死轮转，恰如车轮之回转，永无止尽，故称"轮回"。印度婆罗门教、耆那教等都采用这种理论作为它们的根本教义之一。佛教沿用了这个原则并作了进一步的发展，注入自己的教义。

⑩六十二见：指外道的六十二种错误的见解。这里泛指一切错误的观点。

⑪二边三际："二边"是指有、无二边；"三际"指过去、现在、未来三时，或指外、内、中间三处。

【译文】

僧人志道，广州南海人。向惠能大师请教："弟子自从出家以来，阅读《涅槃经》已经有十多年了，都没有明白经文大意，希望大师给予教诲。"

惠能大师问："你是哪里不明白？"

志道说："经中有这一句，'诸行无常，是生灭法；生灭灭已，寂灭为乐'。我对这一句疑惑不解。"

惠能大师说："你有什么疑惑？"

志道说："一切众生都有色身法身这二身。色身是变化的，有生也有死；法身是永恒的，无知也无觉。佛经上说：生灭灭已，寂灭为乐，我不知道是哪一个身寂灭？哪一个身受乐？如果是色身，那么色身坏灭的时候，由地、水、火、风四大和合组成的色身全部分散了，这是苦，既然苦就不可以说是乐。如果法身寂灭，就如同草木瓦石一样，谁来承当受乐呢？另外，法性是生灭的本体，五蕴是生灭的功用；一个主体五种功用，生灭应该是永恒不变的。生就是从本体中生起作用，灭就是摄这五种用而归还法。如果听任其再生，那么所有有情，不会断灭。如果不任其再生，那就永远归于寂灭，等同于草木瓦石等无情之物。这样，那么一切法都被涅槃禁伏，尚且不能得再生，又有什么乐处呢？"

　　惠能大师说："你是佛门弟子，怎么学习外道断灭和永恒的那类偏见，并以此来议论最上乘佛法？根据你所说的，就是说色身之外还有法身，超离生灭，求得寂灭。又说涅槃常乐，都是说有一个身在受用。你这乃是执着于生死，沉迷于世间享乐。你现在应该知道，一切执迷的人，都把五蕴和合作为自体的实相，区分一切法为外在现象，贪求生存，厌恶死亡，不知道世间一切都是梦幻虚假，徒劳无益，空受轮回，反而把永恒极乐的涅槃认作为苦相，整天追逐寻求世俗欲念。佛正是由于怜悯他们的原故，才显示涅槃的真正极乐，瞬间没有了生的相状，瞬间没有了灭的相状，更没有生灭这个相状可以灭，则真正的寂灭出现在眼前。即便当它出现眼前时，也没有'出现'这个量显现，这叫作常乐。这个乐没有承受者，也没有不承受者，哪里有所谓的一个本体五种功用的说法？何况还说涅槃禁伏住了一切万法，使这些一切永远不得再生，这实在是诽谤佛，毁谤佛法。听我的偈吧。"偈说：

　　　　无上大涅槃，圆明常寂照。

　　　　凡愚谓之死；外道执为断；

　　　　诸求二乘人，目以为无作；

　　　　尽属情所计，六十二见本。

　　　　妄立虚假名，何为真实义？

　　　　惟有过量人，通达无取舍。

　　　　以知五蕴法，及以蕴中我，

　　　　外现众色象，一一音声相，

　　　　平等如梦幻，不起凡圣见；

　　　　不作涅槃解，二边三际断。

　　　　常应诸根用，而不起用想；

　　　　分别一切法，不起分别想。

　　　　劫火烧海底，风鼓山相击，

真常寂灭乐,涅槃相如是。

吾今强言说,令汝舍邪见,

汝勿随言解,许汝知少分。

志道听了偈后大彻大悟,欢喜踊跃,行礼退下了。

行思禅师①,生吉州安城刘氏,闻曹溪法席盛化,径来参礼。

遂问曰:"当何所务,即不落阶级?"

师曰:"汝曾作什么来?"

曰:"圣谛亦不为②。"

师曰:"落何阶级?"

曰:"圣谛尚不为,何阶级之有?"

师深器之,令思首众。一日,师谓曰:"汝当分化一方,无令断绝。"

思既得法,遂回吉州青原山,弘法绍化。谥弘济禅师。

怀让禅师③,金州杜氏子也。初谒嵩山安国师④,安发之曹溪参扣。让至礼拜。

师曰:"甚处来?"

曰:"嵩山。"

师曰:"什么物,恁么来?"

曰:"说似一物即不中⑤。"

师曰:"还可修证否?"

曰:"修证即不无⑥,污染即不得。"

师曰:"只此不污染,诸佛之所护念。汝既如是,吾亦如是。西天般若多罗谶⑦:'汝足下出一马驹,踏杀天下人⑧。'

应在汝心，不须速说！"

让豁然契会，遂执侍左右一十五载，日臻玄奥。后往南岳，大阐禅宗。

【注释】

①行思禅师(671—740)：吉州安城(今江西安福)人，俗姓刘。幼年出家，从六祖惠能学法。与南岳怀让并称二大弟子，同嗣六祖法脉。后住吉州青原山静居寺，故号"青原行思"。门徒云集，禅风大振。其后又自此法系衍出云门、曹洞、法眼等三系。

②圣谛：即指圣者所知一切寂静的境界，乃佛教之根本大义，所以又称"第一义"、"真谛"。谛，即真实不虚的道理。

③怀让禅师(677—744)：唐金州安康(今陕西安康)人。惠能圆寂后，得嗣其法并于南岳般若寺观音台弘教传禅。到他的弟子马祖道一时，怀让一系禅宗兴盛起来，被称为"南岳一系"。其后又自此法系衍出沩仰和临济两系。

④安国师：弘忍的弟子之一，曾常住于嵩山。

⑤说似一物即不中：禅宗认为，人的本心和本性是离言绝相的，明心见性的禅境体验不能以言语来确切描述。不中，即不行、不可以。

⑥修证：即指修行与证悟。

⑦西天：指天竺。般若多罗：又称"璎珞童子"。是禅宗所立西天二十八祖中之第二十七祖。东天竺人，婆罗门种。约二十岁遇二十六祖不如蜜多，受付嘱而成为西天第二十七祖。谶(chèn)：指预言。

⑧"汝足下"二句：指怀让门下出现马祖道一之后，禅宗将更加的兴盛。

【译文】

行思禅师，生于吉州安城刘氏家中，听说曹溪惠能大师流布佛法，影响广大,就直接来参拜惠能大师。

行思禅师便问:"应当怎么做,就不会落入有阶级的渐修?"

惠能大师说:"你曾经做什么呢?"

行思禅师说:"我连圣谛也不修。"

惠能大师说:"那落到哪个阶级了?"

行思禅师说:"连圣谛都不修,哪还会有什么阶级存在?"

惠能大师十分器重他,让行思做了首座。一天,惠能大师说:"你应当单独教化一方,不要让佛法断绝。"

行思领受了教法,就回到吉州青原山,弘传佛法,广为教化。谥弘济禅师。

怀让禅师,金州杜氏的儿子。最初拜嵩山慧安国师,慧安国师让他到曹溪山来参拜惠能大师。怀让禅师来到曹溪山并礼拜惠能大师。

惠能大师说:"从哪里来?"

怀让禅师说:"嵩山。"

惠能大师说:"是什么东西,怎么来的?"

怀让禅师说:"说像一个东西就不是了。"

惠能大师说:"还可以修行证悟吗?"

怀让禅师说:"修行证悟就不是无,受到浸染就不可得了。"

惠能大师说:"具有不受污染这一点,是所有佛所共同护念的。你就是这样,我也是这样。西天竺的般若多罗法师曾经预言:'在你的门下将要出现一匹小马驹,他的智慧可以征服天下人。'这个预言将应证在你身上,等待时机,不必过早地说出来!"

怀让豁然契悟,便侍奉惠能大师身边十五年,越来越修证到玄妙深奥的境界。后来去了南岳衡山,大力阐扬禅宗。

永嘉玄觉禅师①,温州戴氏子,少习经论,精天台止观法门②。因看《维摩经》,发明心地。偶师弟子玄策相访,与其剧谈，出言暗合诸祖。

策云："仁者得法师谁？"

曰："我听方等经论，各有师承。后于《维摩经》，悟佛心宗，未有证明者。"

策云："威音王已前即得③，威音王已后，无师自悟，尽是天然外道。"

曰："愿仁者为我证据。"

策云："我言轻，曹溪有六祖大师，四方云集，并是受法者。若去，则与偕行。"

觉遂同策来参。绕师三匝，振锡而立。

师曰："夫沙门者④，具三千威仪，八万细行⑤。大德自何方而来⑥，生大我慢？"

觉曰："生死事大，无常迅速。"

师曰："何不体取无生，了无速乎？"

曰："体即无生，了本无速。"

师曰："如是！如是！"

玄觉方具威仪礼拜，须臾告辞。

师曰："返太速乎？"

曰："本自非动，岂有速耶？"

师曰："谁知非动？"

曰："仁者自生分别。"

师曰："汝甚得无生之意。"

曰："无生岂有意耶？"

师曰："无意谁当分别？"

曰:"分别亦非意。"

师曰:"善哉! 少留一宿。"

时谓"一宿觉"。后著《证道歌》,盛行于世。

【注释】

① 永嘉玄觉禅师:唐代高僧(665—713)即《永嘉证道歌》的作者,温州永嘉(今属浙江)人,俗姓戴,字明道,号"永嘉玄觉"。八岁出家,博探三藏,尤通天台止观。后于温州龙兴寺侧岩下自构禅庵,独居研学,常修禅观。偶因左溪玄朗之激励,遂起游方之志,与东阳玄策共游方寻道。至韵阳时,谒曹溪惠能,与惠能相问答而得其印可,惠能留之一宿,翌日即归龙兴寺,时人称之"一宿觉"。其后,学者辐凑,号真觉大师。玄朗赠书招之山栖,师复书辞退。后跏坐入寂,世寿四十九。法嗣有惠操、惠特、等持、玄寂等人。著作有《禅宗永嘉集》十卷(庆州刺史魏靖辑)、《证道歌》一首、《禅宗悟修圆旨》一卷等。

② 天台止观法门:天台宗主张"定"(止)、"慧"(观)为修行的主要内容,所以用"止观法门"概括天台宗的理论和实践。天台,即天台宗,乃中国佛教宗派之一。因注重《法华经》,所以也称"法华宗"。

③ 威音王:又作"寂趣音王佛"。乃过去庄严劫最初之佛名。"威音王已前"为禅宗僧人常用语,用以指点学人自己本来面目之语句,意同"父母未生以前"、"天地未开以前"等语。盖威音王佛乃过去庄严劫最初的佛名,故以之表示无量无边的久远之前。

④ 沙门:意译为"勤息"、"勤劳"、"功劳"、"勤恳"、"静志"、"息止"、"息心"、"息恶"、"修道"、"乏道"、"贫道"等,即勤修佛道和息诸烦恼的意思,为出家修道者的通称,即指剃除须发,止息诸恶不善,调御身心,勤修诸善,以期证得涅槃境界。

⑤ 三千威仪,八万细行:为佛弟子持守日常威仪的做法。僧人的动

作有威德有仪则,称为"威仪";戒律之外的各种微细的仪则规定,称为"细行"。"三千"、"八万"喻数量之多,并非实数。综合而言,"三千威仪,八万细行"指有关比丘行、住、坐、卧"四威仪"中,所应注意的细行。

⑥大德:印度对佛菩萨或高僧的敬称。比丘中之长老,也称"大德"。中国,不以"大德"一词称佛菩萨,而作为对高僧的敬称。

【译文】

永嘉玄觉禅师,温州戴氏的儿子,小时候学习经论,精通天台宗的止观教义。因为看了《维摩经》,认识了自心本性。偶然,惠能大师的弟子玄策来访,和他大谈佛理,永嘉玄觉所说的话都与佛祖的真义隐隐相合。

玄策说:"你师从何人而得法?"

永嘉玄觉说:"我听大乘经典,都各有师承关系。后来在读《维摩经》时,开悟佛心宗,还没有得到人印证我的见解。"

玄策说:"在威音王佛以前,无师自通是可以的,在威音王佛之后,没有师承传授而自我开悟,自然全部是外道。"

永嘉玄觉说:"希望你能为我印证。"

玄策说:"我人微言轻,不足以为你印证。曹溪山有六祖惠能大师,四面八方的人都云集在他那里,并且都是受得正法的。你如果想去,我就和你同行。"

永嘉玄觉便随同玄策来参礼六祖惠能大师。玄觉绕着惠能走了三圈,举着锡杖一振,站在那里不动。

惠能大师说:"出家人,应该具有三千威仪、八万细行等种种戒律仪轨。大德你是从哪里来,对我生起如此大的傲慢和不敬?"

玄觉说:"人的生死才是大事,且无常交替迅速,变化很快。"

惠能大师说:"为什么不体悟领受无生无死,明了这无常迅速的道理呢?"

玄觉说："体悟的就是无生无死,明了的就是无常迅速。"

惠能说："是这样! 是这样!"

玄觉这才整肃仪容向惠能大师礼敬参拜,一会儿便向大师告辞欲走。

惠能大师说："你这就返回,太快了吧?"

玄觉说："本来就没有动与不动,哪里有快和不快?"

惠能大师说："谁能知道不是动呢?"

玄觉说："这是您自己生起了分别之心。"

惠能大师说："你已经十分了解无生无死的道理了。"

玄觉说："无生无死难道还有意义吗?"

惠能大师说："没有意义谁能分别它呢?"

玄觉说："分别本身也没有意义。"

惠能大师说："好啊! 小住一晚吧。"

当时称之为"一宿觉"。后来永嘉玄觉作了《证道歌》,流传盛行于世间。

禅者智隍,初参五祖,自谓已得正受①。庵居长坐②,积二十年。师弟子玄策,游方至河朔,闻隍之名,造庵问云:"汝在此作什么?"

隍曰:"入定③。"

策云:"汝云入定,为有心入耶,无心入耶? 若无心入者,一切无情草木瓦石,应合得定;若有心入者,一切有情含识之流,亦应得定。"

隍曰:"我正入定时,不见有有无之心。"

策云:"不见有有无之心,即是常定,何有出入? 若有出入,即非大定④!"

隍无对。良久,问曰:"师嗣谁耶?"

策云:"我师曹溪六祖。"

隍云:"六祖以何为禅定?"

策云:"我师所说,妙湛圆寂,体用如如⑤,五阴本空⑥,六尘非有⑦。不出不入,不定不乱。禅性无住,离住禅寂。禅性无生,离生禅想。心如虚空,亦无虚空之量。"

隍闻是说,径来谒师。

师问云:"仁者何来?"

隍具述前缘。

师云:"诚如所言,汝但心如虚空,不著空见,应用无碍,动静无心,凡圣情忘,能所俱泯⑧,性相如如⑨,无不定时也。"

隍于是大悟,二十年所得心,都无影响。其夜河北士庶闻空中有声云:"隍禅师今日得道!"隍后礼辞,复归河北,开化四众⑩。

【注释】

①正受:是"禅定"的异名。正,即定心而离邪念。受,指无念无想而纳法在心。因此正受即远离邪想而领受所缘之境的状态。即入定时,以定力使身、心领受平等安和之相。

②庵:以草木覆盖而成之简陋小屋。乃出家者、退隐者远离村落所居之房舍,以作为修行之处。

③入定:入于禅定的意思,即摄弛散之心,入安定不动之精神状态。有时得道者的示寂,也称为"入定"。这里指前者。

④大定:为佛的三德(大定、大智、大悲)之一,佛心澄明寂静叫做"大定"。以大定可断除一切妄惑,故又称"大定"为"断德"。这

里可以被看成是禅宗的禅定理论。

⑤体用：指诸法之体性与作用。

⑥五阴：与"五蕴"同。

⑦六尘：指色尘、声尘、香尘、味尘、触尘、法尘等六境，又作"外尘"、"六贼"。尘，即染污的意思，以"六识"缘"六境"而遍污"六根"，能昏昧真性，故称为"尘"。此"六尘"在心之外，故称"外尘"。此"六尘"犹如盗贼，能劫夺一切之善法，故称"六贼"。

⑧能所：即"能"与"所"的并称。自动之法（主体）叫做"能"，被动之法（客体）叫做"所"。例如能见物的"眼"，称为"能见"；为眼所见的"物"，称为"所见"。又譬如"六根"对"六尘"，"六根"是"能缘"，"六尘"为"所缘"。总之，"能"与"所"具有相即不离与体用因果的关系，故称"能""所"一体。

⑨性相如如：指体性与相状。不变而绝对的真实本体，或事物的自体称为"性"；差别变化的现象和相状称为"相"。"性"与"相"其实无异，仅名称有别。说性即说相，说相即说性。如说火性即说热相，说热相即说火性。如如，是不动、寂默、平等不二、不起颠倒分别的自性境界。如理智所证得的"真如"叫作"如如"。

⑩四众：指构成佛教教团的四种弟子众，又称"四辈"、"四部众"、"四部弟子"。有两种含义：其一指出家之四众，即比丘、比丘尼、沙弥、沙弥尼。其二指僧俗四众，即比丘、比丘尼、优婆塞、优婆夷。

【译文】

智隍禅师，最初参拜五祖弘忍，自己宣称已经得到了正宗传授。智隍居住在庵室里长期打坐，累计二十年了。惠能大师的弟子玄策，游历到河北一带，听说了智隍的名声，便造访智隍的庵室，问："你在这里干什么？"

智隍回答说："入定。"

玄策问:"你说入定,是有心念入定呢,还是无心念入定呢? 如果是无心念入定的,一切的草木瓦石无情众生,应该都能达到入定;如果是有心念入定的,一切含有意识的有情众生之类,也应该能达到入定。"

智隍说:"当我真正入定时,看不到我有'有无'的心念。"

玄策说:"看不到'有无'的心念,就是常定,怎么又有出入之分呢? 如果有出有入,那就不是真正的定了!"

智隍无言以对。过了很久,问玄策:"你师承的是谁啊?"

玄策说:"我的师父是曹溪山六祖惠能大师。"

智隍问:"六祖惠能大师认为什么是禅定?"

玄策说:"我师父说,法身圆融玄妙湛然常寂,性相体用一如,五蕴和合,本来是空,六尘也不是真实存在。既不出,也不入,不执于定,不生散乱心。禅的本性是不执无滞的,要住禅寂。禅性无生,要超离执着禅的念想。心如同虚空一样,不存在对虚空的度量。"

智隍听到这样说法,直接来拜谒六祖惠能大师。

惠能大师问:"你从哪里来?"

智隍把遇到玄策的因缘全部描述了一遍。

惠能大师说:"正像玄策说的那样,你只要心如虚空一般,又不执着于对空的妄见,自如应用,没有滞碍,对于动静,不生其心,世俗和圣境全部两忘,主观和客观对象能够一齐泯绝,性相如一,就无时无刻不在禅定之中,没有不禅定的时刻了。"

智隍于是大彻大悟,二十年修行所得的执着之心,刹那间都没有留下影响。那天夜里黄河以北的官吏和百姓都听到空中有声音说:"智隍禅师今天得成佛道了!"智隍后来礼敬告辞,又回到了黄河以北,开示教化大众。

一僧问师云:"黄梅意旨①,甚么人得?"

师云:"会佛法人得。"

僧云："和尚还得否？"

师云："我不会佛法②。"

师一日欲濯所授之衣，而无美泉。因至寺后五里许，见山林郁茂，瑞气盘旋，师振锡卓地，泉应手而出。积以为池，乃跪膝浣衣石上。忽有一僧来礼拜，云："方辩是西蜀人。昨于南天竺国，见达摩大师，嘱方辩速往唐土：吾传大迦叶正法眼藏③，及僧伽梨④，见传六代，于韶州曹溪，汝去瞻礼。方辩远来，愿见我师传来衣钵。"

师乃出示。次问："上人攻何事业？"

曰："善塑。"

师正色曰："汝试塑看。"

辩罔措。过数日，塑就真相，可高七寸，曲尽其妙。

师笑曰："汝只解塑性，不解佛性。"

师舒手摩方辩顶。曰："永为人天福田。"

有僧举卧轮禅师偈曰⑤：

　　　　卧轮有伎俩，能断百思想。

　　　　对境心不起，菩提日日长。

师闻之，曰："此偈未明心地。若依而行之，是加系缚。"

因示一偈曰：

　　　　惠能没伎俩，不断百思想；

　　　　对境心数起，菩提作么长？

【注释】

①黄梅意旨：这里指五祖弘忍的教法。

②我不会佛法：这一句话强调禅宗自证自悟，主张徒弟不能从老师

那里获得什么现成的东西。

③大迦叶：是"摩诃迦叶波"的简称，佛十大弟子之一，有"头陀第一"、"上行第一"等称号。大迦叶是王舍城摩诃娑陀罗村人，大富婆罗门尼拘卢陀羯波之子。以诞生于毕钵罗树下，故取名"毕钵罗耶那"；又因出自大迦叶种，而称"大迦叶"。出家不久后，遇见佛陀，蒙受教化。八日后，发正智，脱却自身僧伽梨以奉佛，并穿着佛陀所授之粪扫衣，证得阿罗汉果。大迦叶在俗时，以富裕闻名，然于出家后，少欲知足，常行头陀行。又，古来以大迦叶为付法藏第一祖，尤以"拈花微笑"的故事，为禅家所传颂，并据此尊大迦叶为禅宗天竺初祖。正法眼藏：亦名"清净法眼"。"正法眼"指佛的心眼彻见正法；"藏"的意思为深广而万德含藏。禅宗用正法眼藏来称其教外别传的心印。

④僧伽梨：为"三衣"之一。即九条以上的衣服。因必须割截后才能制成，所以称为"重衣"、"复衣"、"重复衣"。又因其条数多，所以称为"杂碎衣"。一般是在外出及其他庄严仪式时穿，如入王宫、聚落、乞食，及升座说法、降伏外道等时候穿，故称"入王宫聚落衣"。又以其为诸衣中最大者，故称"大衣"。

⑤卧轮禅师：此禅师事迹不详。

【译文】

有一个僧人问惠能大师："黄梅五祖弘忍大师的衣钵，什么人得到了？"

惠能大师说："领会佛法的人得到了。"

僧人问："大师您得到了吗？"

惠能大师说："我不明白佛法。"

有一天，惠能大师想洗涤一下五祖弘忍大师所传的袈裟，可是周围没有上好的清泉。因此大师来到寺庙后面五里远的地方，看到这里山林葱郁茂密，有祥瑞之气笼罩盘旋，惠能大师举起锡杖在地上一戳。泉水立刻涌了出来。积成了一个水池，惠能大师便跪在石头上洗着袈裟。忽然有一个僧人来礼敬参拜，说："我方辩是西蜀人。昨天在南天竺国，见到达摩大师，他嘱咐我赶快到唐国来，达摩大师说他所传大迦叶的真正教法及法衣，现在传到第六代祖，目前在韶州曹溪山，你去瞻仰礼拜他。方辩我远道而来，希望能得见达摩祖师所传之袈裟。"

惠能大师取出袈裟展示给他看。随后问："你擅长什么事呢?"

方辩说："擅长雕塑。"

惠能严肃地说："你试着雕给我看看。"

方辩一时迷惘无措。过了几天，雕好了一尊佛像，高七寸，曲尽其妙，十分逼真。

惠能大师笑着说："你只理解了雕塑之特性，不理解佛性。"

惠能大师用手抚摩方辩的头顶说："希望你生生世世都成为人天种福之田。"

有一个僧人展示了卧轮禅师的一首偈：

　　　卧轮有伎俩，能断百思想。

　　　对境心不起，菩提日日长。

惠能大师听了说："这个偈还没有明见自性。如果按照这个偈来修行，是更增加了束缚。"

因此开示了一个偈，说：

　　　惠能没伎俩，不断百思想；

　　　对境心数起，菩提作么长?

顿渐品第八

【题解】

本品讲述了神秀、惠能两宗分别于曹溪、荆南盛化，世称为"南能北秀"，于是有了南北二宗顿渐分之后的情形。其中记载，两位宗主虽然不分彼此，但弟子们却起了爱憎之心，北宗神秀与南宗惠能门下徒众生起分歧争议。北宗门徒志诚潜来听法，为惠能察觉，针对北宗"住心观净，长坐不卧"执着长期打坐的禅法，惠能针锋相对地批判了北宗禅的弊病，认为常坐拘身，于理无益，并向志诚开示南宗禅法，使之当下契悟。于此过程中，惠能大师还向志诚教示戒定慧行相，认为戒定慧为自我本性先天具有，是自性的自然显现，所谓"心地无非自性戒，心地无痴自性慧，心地无乱自性定"。此品接下来还交代了北宗门人托志彻前来行刺六祖惠能，而为大师教化开悟一事。最后，此品还特别将神会前来参礼的情形安排进来，栩栩如生地展现了神会由开始的逞能自傲到后来对六祖礼拜悔谢的整个过程。

时，祖师居曹溪宝林，神秀大师在荆南玉泉寺[①]。于时两宗盛化，人皆称南能北秀，故有南北二宗顿渐之分。而学者莫知宗趣。师谓众曰："法本一宗，人有南北；法即一种，见有迟疾。何名顿渐？法无顿渐，人有利钝，故名顿渐。"

　　然秀之徒众,往往讥南宗祖师:"不识一字,有何所长?"

　　秀曰:"他得无师之智②,深悟上乘,吾不如也。且吾师五祖,亲传衣法,岂徒然哉? 吾恨不能远去亲近,虚受国恩③。汝等诸人毋滞于此,可往曹溪参决④。"一日,命门人志诚曰⑤:"汝聪明多智,可为吾到曹溪听法。若有所闻,尽心记取,还为吾说。"

　　志诚禀命至曹溪,随众参请,不言来处。时祖师告众曰:"今有盗法之人,潜在此会。"志诚即出礼拜,具陈其事。师曰:"汝从玉泉来,应是细作⑥。"

　　对曰:"不是。"

　　师曰:"何得不是?"

　　对曰:"未说即是,说了不是。"

　　师曰:"汝师若为示众?"

　　对曰:"常指诲大众,住心观静⑦,长坐不卧。"

　　师曰:"住心观静,是病非禅。长坐拘身,于理何益? 听吾偈。"曰:

　　　　生来坐不卧,死去卧不坐;

　　　　一具臭骨头,何为立功课⑧?

【注释】

①荆南玉泉寺:古本作"荆南当阳山玉泉寺"。《景德传灯录》作"荆州当阳山度门寺"。

②无师之智:无师而独自觉悟的佛智,指非借他力,不待他人教而自然成就之智慧。如佛所证得之智慧,非由师教或外力而得;又如缘觉(独觉)圣者,观诸法因缘生灭,不待师教而证成觉智。

③受国恩：据《宋高僧传·神秀传》记载："秀乃往江陵当阳山居
焉……则天太后闻之，召赴都，肩舆上殿，亲加跪礼，内道场丰其
供施。时时间道，敕于昔住山置度门寺，以旌其德。时王公以下
京邑士庶，竞至礼谒。"《僧史略》亦云："唐神秀自则天召入，历四
朝，号国师。"

④参决：谓参见受决也。

⑤志诚：即志诚禅师。据《景德传灯录》记载，其年少时于荆南当阳
山玉泉寺事奉神秀禅师。

⑥细作：奸细，间谍。

⑦住心观静：又作"住心观净"，实乃看心看净的另一种表达。禅宗
早期关于看心看净的重要著作《修心要论》中曾这样记载其修禅
要领："征其心不在内、不在外、不在中间，好好、如如、稳熟看！
即及见此心识流动，犹如水流阳炎，叶叶不住。既见此识时，唯
是不内不外，缓缓、如如、稳熟看！即反复融消，虚凝湛住。其此
流动之识，飒然自灭。灭此识者，乃是灭十地菩萨、众生障惑。
此识身等灭已，其心即虚凝淡泊，皎洁泰然。"

⑧一具臭骨头，何为立功课：人应当明心见性、一觉悟即证得佛地，
不应一味地在身体外形上强下功夫，这只是执着于禅坐形式，其
结果是长时间不躺卧反倒使得身体不得安宁，无助于悟解体证
佛理境界。二者之间的关系，唐代圭峰宗密禅师在《禅源诸诠集
都序》中这样说道："息妄者，息我、法之妄。修心者，修唯识之
心。故同唯识之教。既与佛同，如何毁他渐门，息妄看静、时时
拂拭、凝心住心、专注一境及跏趺调身调息等也。此等种种方
便，悉是佛所劝赞。《净名》云：不必坐，不必不坐。坐与不坐，任
逐机宜。凝心运心，各量习性。当高宗大帝乃至玄宗朝时，圆顿
本宗，未行北地，唯神秀禅师大扬渐教，为二京法主、三帝门师。
全称达摩之宗，又不显即佛之旨。曹溪、荷泽恐圆宗灭绝，遂呵

毁住心、伏心等事。但是除病，非除法也。况此之方便，本是五祖大师教授，各皆印可，为一方师。达摩以壁观教人安心，外止诸缘，内心无喘，心如墙壁，可以入道，岂不正是坐禅之法。又庐山远公与佛陀耶舍二梵僧所译《达摩禅经》两卷，具明坐禅门户、渐次、方便，与天台及侁、秀门下意趣无殊，故四祖数十年中，胁不至席。即知了与不了之宗，各由见解深浅，不以调与不调之行而定法义偏圆。但自随病对治，不须赞此毁彼。"

【译文】

那时，惠能大师在曹溪山宝林寺，神秀大师在荆南玉泉寺。故而当时两大宗派兴盛教化，被人们称为"南能北秀"，有南宗北宗、顿教渐教的分别。然而学道修禅的人们并不知道他们的宗义和旨趣。惠能大师对众人说："佛法本是一种宗义，因为传法之人有南北，才有了南宗北宗的区分；佛法就是一种，只是识见悟性有快有慢，才有了顿悟渐悟的区分。什么叫顿悟渐悟？佛法本身没有顿悟渐悟之分，人的根器有敏锐和愚钝才有顿悟渐悟之分，所以称之为顿渐。"

然而神秀大师的弟子门人，往往讥讽南宗六祖惠能大师："不识一个字，能有什么过人之处呢？"

神秀大师说："惠能得到了不需要师父传授而自悟自通的智慧，深入见悟最上乘智慧，我比不上他。并且我师父五祖弘忍大师亲自传授衣钵和教法给他，难道是白费气力的吗？我只恨不能远道去与他多交流，在这里白白地受领国家对我的恩宠。你们不要总是滞留在我的身边，可以前往曹溪山参访学习。"神秀大师这天对弟子志诚说："你聪明而且智慧多多，可以为我去曹溪山听惠能大师的教法。如果听到什么，尽力地记住，回来再告诉我。"

志诚奉命来到曹溪山，跟随着大众向惠能大师参学请益，没有说明自己是从哪里来的。当时，惠能大师向大众宣告说："今天有偷听教法的人，潜藏在这里。"志诚立刻出来礼敬参拜，全部陈述了来这里的因由。惠能大师说:"你从玉泉寺来,那就是奸细了。"

志诚说:"我不是。"

惠能大师说:"何以见得你不是?"

志诚说:"我没有说明来意可以说是奸细,表明来意就不能算是了。"

惠能大师说:"你师父神秀大师是如何开示大众的?"

志诚说:"师父常常指授教诲大众守住本心,观想清净,长期静坐,不要睡觉。"

惠能大师说:"住心观静,这是错误的,这不是修禅。常期静坐,拘束身体,对参悟佛法真意并没有什么帮助。听我的偈吧。"偈说:

　　　　生来坐不卧,死去卧不坐;

　　　　一具臭骨头,何为立功课?

　　志诚再拜曰:"弟子在秀大师处,学道九年,不得契悟①。今闻和尚一说,便契本心。弟子生死事大,和尚大慈,更为教示。"

　　师云:"吾闻汝师教示学人戒定慧法,未审汝师说戒定慧行相如何②?与吾说看。"

　　诚曰:"秀大师说:诸恶莫作名为戒,诸善奉行名为慧,自净其意名为定③。彼说如此,未审和尚以何法诲人?"

　　师曰:"吾若言有法与人,即为诳汝。但且随方解缚④,假名三昧。如汝师所说戒定慧,实不可思议;吾所见戒定慧又别。"

　　志诚曰:"戒定慧只合一种,如何更别?"

　　师曰:"汝师戒定慧接大乘人,吾戒定慧接最上乘人,悟解不同,见有迟疾。汝听吾说,与彼同否? 吾所说法,不离自性。离体说法，名为相说⑤，自性常迷。须知一切万法，皆从自性起用⑥，是真戒定慧法。听吾偈。"曰：

　　　　心地无非自性戒，

　　　　心地无痴自性慧，

　　　　心地无乱自性定，

　　　　不增不减自金刚⑦，

　　　　身去身来本三昧。

　　诚闻偈，悔谢，乃呈一偈曰：

　　　　五蕴幻身⑧，幻何究竟⑨？

　　　　回趣真如，法还不净⑩。

　　师然之。复语诚曰："汝师戒定慧，劝小根智人⑪；吾戒定慧，劝大根智人⑫。若悟自性，亦不立菩提涅槃，亦不立解脱知见⑬；无一法可得⑭，方能建立万法⑮。若解此意，亦名佛身，亦名菩提涅槃，亦名解脱知见。见性之人，立亦得，不立亦得⑯。去来自由，无滞无碍⑰。应用随作，应语随答，普见化身，不离自性，即得自在神通⑱，游戏三昧⑲，是名见性。"

　　志诚再启师曰："如何是不立义？"

　　师曰："自性无非、无痴、无乱，念念般若观照，常离法相，自由自在，纵横尽得，有何可立？自性自悟，顿悟顿修⑳，亦无渐次，所以不立一切法。诸法寂灭，有何次第？"

　　志诚礼拜，愿为执侍，朝夕不懈。

【注释】

①契悟：与本心契合而开悟，对本心的认识和体验。

②戒定慧行相：行相原指行事的相状，即一切心在认识对象时的状

态。这里可以简单地解释为"具体内容",即戒定慧的具体内容。

③"诸恶"三句:"诸恶莫作,众善奉行,自净其意,是诸佛教。"此一四句偈,总括一切佛教。佛教之广海,此一偈摄尽。大小乘八万之法藏,自此一偈流出。《增一阿含经》:"迦叶问言:'何等偈中出生三十七品及诸法?'时尊者阿难,便说此偈:'诸恶莫作,诸善奉行,自净其意,是诸佛教。所以然者,诸恶莫作,是诸法本,便出生一切善法。以生善法,心意清净。'"同时作为惠能弟子和神秀弟子的神会在其《南阳和上顿教解脱禅门直了性坛语》中也曾讲道:"若求无上菩提须信佛语依佛教。……诸恶莫作是戒,诸善奉行是惠,自净其意是定。"

④随方解缚:随方便而解除被缚人之束缚也。故禅宗无定说法,要在当机解缚。宗密《禅源诸诠集都序》中云:"宿生何作,熏得此心? 自未解脱,欲解他缚。"

⑤相说:即执着于虚幻不实的现象的讲说,不是具有真理性的讲说。是一种住相之谈。

⑥自性起用:万法唯心,离自性外,无戒定慧,故云起用。

⑦不增不减自金刚:自性本无增减,故成佛亦无增,居凡亦无减。其体精坚明净,百炼不消,故以金刚为喻。

⑧五蕴幻身:即五蕴所幻化而成之身也。五蕴,又作"五阴"。《毗婆尸佛经》云:"五蕴幻身。"《圆觉经》云:"我今此身,四大和合:所谓发毛、爪齿、皮肉、筋骨、髓脑垢色,皆归于地;唾涕、脓血、津液、涎沫、痰泪、精气、大小便利,皆归于水;暖气归火;动转归风。四大各离,今者妄身,当在何处? 即知此身,毕竟无体。和合为相,实同幻化。"

⑨幻何究竟:《圆觉经》云:"善男子,彼之众生,幻身灭故,幻心亦灭。幻心灭故,幻尘亦灭。幻尘灭故,幻灭亦灭。幻灭灭故,非幻不灭。譬如磨镜,垢尽明现。"《顿悟入道要门论》云:"问:'如

何是幻?'师曰:'幻无定相,如旋火轮,如乾闼婆城,如机关木人,如阳焰,如空华,俱无实法。'又问:'何名大幻师?'师曰:'心名大幻师,身为大幻城,名相为大幻衣食,河沙世界,无有幻外事。凡夫不识幻,处处迷幻业。声闻怕幻境,昧心而入寂。菩萨识幻法,达幻体,不拘一切名相。佛是大幻师,转大幻法轮,成大幻涅槃,转幻生灭,得不生不灭。转河沙秽土,成清净法界。'"

⑩法还不净:真如本自清净圆明,本无一法可得,故自性中本来无非无痴无乱,此即自性之戒定慧。若离自性而求戒定慧法,则此法为不净矣。故《金刚经》曰:"法尚应舍。"大慧普觉禅师《答曾侍郎》云:"既曰虚幻,则作时亦幻,受时亦幻,知觉时亦幻,迷倒时亦幻,过去、现在、未来皆悉是幻。今日知非,则以幻药复治幻病,病瘥药除,依前只是旧时人。若别有人有法,则是邪魔外道见解也。"

⑪小根:可受小乘教之根性。

⑫大根:可受大乘教之机根

⑬解脱知见:《戒本疏行宗记》云:"五分法身者,戒、定、慧,从因受名。解脱、解脱知见,从果彰号。由慧断惑,惑无之处名解脱。出缠破障,反照观心,名解脱知见。"

⑭无一法可得:《传心法要》云:"问:'和尚见今说法,何得言无僧、亦无法?'师云:'汝若见有法可说,即是以音声求我。若见有我,即是处所。法亦无法,法即是心。所以祖师云:付此心法时,法法何曾法? 无法无本心,始解心心法。实无一法可得,名坐道场。道场者,只是不起诸见,悟法本空,唤作空如来藏。本来无一物,何处有尘埃?'"

⑮建立万法:《传心法要》云:"从前所有一切解处,尽须并却令空,更无分别,即是空如来藏。如来藏者,更无纤尘可有。即是破有法王,出现世间。亦云我于然灯佛所,无少法可得。此语只为空

尔情量知解,但销镕表里情尽,都无依执,是无事人。三乘教网,
只是应机之药。随宜所说,临时施设,各各不同。但能了知,即
不被惑。第一,不得于一机、一教边,守文作解。何以如此? 实
无有定法,如来可说。"

⑯立亦得,不立亦得:立,即建立法门之事也。此言见性之人,立菩
提涅槃亦可,不立亦可;立解脱知见亦可,不立亦可;立一切万法
亦可,不立亦可也。

⑰无滞无碍:《景德传灯录》中记载,襄州居士庞蕴,字道玄,有女灵
照。居士将入灭,令其女灵照出门去看看是否到了中午时分。
其女曰:"日中矣,而有蚀也。"居士出看,其女登上父坐,合掌而
逝。居士笑曰:"我女锋捷矣。"于是更延七日。州牧于公问疾,
居士谓曰:"但愿空诸所有,慎勿实诸所无。好住世间,皆如
影响。"

⑱神通:"神"为"不测"的意思,"通"为"无碍"的意思。不可测又无
碍的力量,即所谓的"神通"或"通力"。一般讲神通有神足通、天
眼通、天耳通、他心通、宿命通、漏尽通六种。这里主要是智慧达
到的一种境界,《璎珞经》云:"天然之慧,彻照无碍,故名神通。"

⑲游戏三昧:佛菩萨游于神通,化人以自娱乐,叫做"游戏"。"三
昧"乃"三摩地"的意思,为"禅定"的异称,即将心专注于一境。
游戏三昧者,犹如无心之游戏,心无牵挂,任运自如,得法自在。
即言获得空无所得者,进退自由自在,毫无拘束。《大智度论》
云:"(菩萨)欲广度众生故,行种种百千三昧。问曰:'但当出生
此三昧,何以故复游戏其中?'答曰:'菩萨心生诸三昧欣乐,出入
自在,名之为戏,非结爱戏也。戏名自在,如师子在鹿中,自在无
畏,故名为戏。是诸菩萨于诸三昧,有自在力,能出能入,亦复如
是。余人于三昧中,能自在入,不能自在住、自在出。有自在住,
不能自在入、自在出。有自在出,不能自在住、自在入。有自在

入、自在住，不能在出。有自在住、自在出，不能自在入。是诸菩萨能三种自在，故言游戏出生百千三昧。'"又云："游戏诸神通者，先得诸神通，今得自在游戏，能至无量无边世界。菩萨住七地中时，欲取涅槃。尔时有种种因缘及十方诸佛拥护，还生心欲度众生，好庄严、神通，随意自在，乃至无量无边世界中无所挂碍。见诸佛国，亦不取佛国相。"

⑳顿悟顿修：圭峰宗密在其《禅源诸诠集都序》中云："顿悟顿修者，此说上上智，根性乐欲俱胜，一闻千悟，得大总持。一念不生，前后际断。此人三业，唯独自明了，余人所不见。"

【译文】

志诚两次礼拜惠能大师说："弟子我在神秀大师那里，参学已有九年，没有得到契证开悟。今天听大师您这么一说，就契合了本心。弟子认为解脱生死是件大事，希望大师慈悲为怀，再给我一些教化开示。"

惠能大师说："我听说你师父教授开示弟子戒定慧法，不清楚你师父是如何说戒定慧的相状的？你给我说说看。"

志诚说："神秀大师说，一切恶行不要造作叫做戒，一切善念全都奉行叫做慧，自己清净意念叫做定。神秀大师是那样说的，不清楚大师您用什么教法教诲大众？"

惠能大师说："我如果说有教法给你，那就是骗你。只是根据不同情况，方便说法，解除束缚，借用修行三昧的假名。像你师父说的戒定慧，实在是不可思议；我所认识的戒定慧和他不同。"

志诚说："戒定慧只应该有一种，怎么还有分别？"

惠能大师说："你师父的戒定慧接引大乘根器的人，我的戒定慧接引上乘根器的人，领悟理解不尽相同，识见自我心性有快有慢。你听我说的和他说的相同吗？我所说的教法，不离开自我本性。离开自性本体说法，叫做执着相状上说法，自己的心念常常愚迷。要知道一切事物和现象，都从自性中生起运用，这是真正的戒定慧法。听我的偈吧。"偈所说：

> 心地无非自性戒，
>
> 心地无痴自性慧，
>
> 心地无乱自性定，
>
> 不增不减自金刚，
>
> 身去身来本三昧。

志诚听了偈以后悔悟拜谢，便呈上一个偈说道：

> 五蕴幻身，幻何究竟？
>
> 回趣真如，法还不净。

惠能大师称许肯定。又告诉志诚说："你师父所说的戒定慧，是劝诚小根器的人；我所说的戒定慧，是劝诚大根器的人。如果开悟了自我本性，也就不用再立菩提涅槃，也不用立对解脱的认识和见解；没有一个法可以得，才能建立一切法。如果理解了这个本意，就叫做佛，也叫做菩提涅槃，也叫做解脱知见。识见本性的人，立这些名也能得法，不立这些名也能得法。去来自由，没有滞留、没有妨碍。应用自如，随缘运作，根据语言随机答对，全部识见一切化身而又不离自我本性，这就得到随缘变化、自在无碍的神通，到达了游戏三昧的境界，叫做识见本性。"

志诚再次拜谢大师并禀告说："什么是不立之义？"

大师说："自我本性没有是非、没有愚痴、没有散乱，时时运用智慧观照，常常超离法相，自由自在，或纵或横全部都有所得，有什么佛法可以立呢？自己开悟自我本性，顿悟顿修，也没有渐次顺序，所以不需要立任何佛法。一切法都寂灭了，还有什么次第顺序呢？"

志诚礼拜惠能大师，愿意侍奉大师，早晚不停歇。

　　僧志彻，江西人，本姓张，名行昌，少任侠①。自南北分化，二宗主虽亡彼我，而徒侣竞起爱憎②。时北宗门人，自立秀师为第六祖,而忌祖师传衣为天下闻,乃嘱行昌来刺师。

师心通③,预知其事④,即置金十两于座间。时夜暮,行昌入祖室,将欲加害。师舒颈就之,行昌挥刃者三,悉无所损。

师曰:"正剑不邪,邪剑不正,只负汝金,不负汝命。"

行昌惊仆⑤,久而方苏,求哀悔过,即愿出家。师遂与金,言:"汝且去,恐徒众翻害于汝。汝可他日易形而来,吾当摄受⑥。"行昌禀旨宵遁,后投僧出家,具戒精进⑦。

一日,忆师之言,远来礼觐。师曰:"吾久念汝,汝来何晚?"

曰:"昨蒙和尚舍罪,今虽出家苦行,终难报德,其惟传法度生乎⑧!弟子常览《涅槃经》,未晓常无常义⑨,乞和尚慈悲,略为解说。"

师曰:"无常者,即佛性也;有常者,即一切善恶诸法分别心也。"

曰:"和尚所说,大违经文。"

师曰:"吾传佛心印⑩,安敢违于佛经?"

曰:"经说佛性是常,和尚却言无常;善恶之法乃至菩提心,皆是无常,和尚却言是常,此即相违,令学人转加疑惑。"

师曰:"《涅槃经》,吾昔听尼无尽藏读诵一遍⑪,便为讲说,无一字一义不合经文。乃至为汝,终无二说。"

曰:"学人识量浅昧,愿和尚委曲开示。"

师曰:"汝知否?佛性若常,更说什么善恶诸法、乃至穷劫无有一人发菩提心者?故吾说无常,正是佛说真常之道也。又，一切诸法若无常者，即物物皆有自性，容受生死，而真常性有不遍之处。故吾说常者，正是佛说真无常义。佛比为凡夫外道执于邪常，诸二乘人于常计无常，共成八倒⑫。故于涅槃了义教中⑬，破彼偏见，而显说真常真乐真我真净⑭。汝今依言背义，以断灭无常，及确定死常，而错解佛之圆妙最后微言，纵览千遍，有何所益？"

行昌忽然大悟，说偈曰：

因守无常心，佛说有常性⑮；

不知方便者，犹春池拾砾。

我今不施功，佛性而现前；

非师相授与，我亦无所得。

师曰："汝今彻也，宜名志彻。"

彻礼谢而退。

【注释】

①任侠：相与信为"任"，同是非为"侠"。

②竞起爱憎：圭峰宗密禅师曰："其有性浮浅者，才闻一意，即谓已足，仍恃小慧，便为人师。未穷本末，多成偏执。故顿渐门下，相见如仇仇；南北宗中，相敌如楚汉。洗足之诲，摸象之喻，验于此矣。"

③心通：即他心通，又名"知他心通"，是"六通"之一，其他"五通"为天眼通、天耳通、宿命通、神足通、漏尽通。

④预知：预先得知。

⑤仆：僵也，偃也。

⑥摄受：又叫做"摄取"，原指以慈悲心去摄取众生。《胜鬘经》云："愿佛常摄受。"《华严经》云："普能摄受一切众生。"这里是说愿

意度化并接受志彻为徒。

⑦具戒：谓比丘、比丘尼之具足戒也，指比丘、比丘尼所应受持之戒律，比丘二百五十戒，比丘尼五百戒。因与沙弥、沙弥尼所受十戒相比，戒品具足，故称"具足戒"。依戒法规定，受持具足戒即正式取得比丘、比丘尼之资格。精进：勤奋向上也。勇猛断除恶法、修习善法也。

⑧度生：济度众生。

⑨常无常：世间一切之法，生灭迁流，刹那不住，谓之"无常"；反之则谓之"常"，即指永恒不变，真实不虚假。在此处的对话中，行昌所讲的是《涅槃经》的经文，而惠能则是依据禅宗教义对《涅槃经》重新解释。关于常、无常的讨论，《涅槃经》这样记载道："善男子，我观诸行，悉皆无常。云何知耶？以因缘故。若有诸法从缘生者，则知无常。是诸外道，无有一法不从缘生。善男子，佛性无生无灭，无去无来。非过去、非未来、非现在。非因所作，非无因作。非作，非作者。非相，非无相。非有名，非无名。非名非色，非长非短，非阴、界、入之所摄持，是故名常。善男子，佛性即是如来，如来即是法，法即是常。善男子，常者即是如来，如来即是僧，僧即是常。以是义故，从因生法，不名为常。是诸外道无有一法不从因生。善男子，是诸外道，觅佛性、如来及法，是故外道所可言说，悉是妄语，无有真谛。诸凡夫人，先见瓶、衣、车乘、舍宅、城郭、河水、山林、男女、象马、牛羊，后见相似，便言是常。当知其实非是常也。善男子，一切有为，皆是无常。虚空无为，是故为常。佛性无为，是故为常。虚空者，即是佛性。佛性者，即是如来。如来者，即是无为。无为者，即是常。常者，即是法。法者，即是僧。僧即无为，无为者即是常。善男子，有为之法，凡有二种：色法、非色法。非色法者，心、心数法。色法者，地水火风。善男子，心名无常。何以故？性是攀缘相应分别故。

善男子，眼识性异，乃至意识性异，是故无常。善男子，色界异，乃至法境界异，是故无常。善男子，眼识相应异，乃至意识相应异，是故无常。善男子，心若常者，眼识应独缘一切法。善男子，若眼识异，乃至意识异，则知无常。以法相似，念念生灭。凡夫见已，计之为常。善男子，诸因缘相，可破坏故，亦名无常。所谓因眼、因色、因明、因思惟，生于眼识。耳识生时，所因各异，非眼识因缘，乃至意识异，亦如是。复次，善男子，坏诸行因缘异故，心名无常。所谓修无常心异，修苦、空、无我心异。心若常者，应常修无常，尚不得观苦、空、无我，况复得常、乐、我、净。以是义故，外道法中，不能摄取常、乐、我、净。善男子，当知心法，必定无常。复次，善男子，心性异故，名为无常。所谓声闻心性异、缘觉心性异、诸佛心性异。一切外道心有三种：一者出家心，二者在家心，三者在家远离心。乐相应心异，苦相应心异，不苦不乐相应心异。贪欲相应心异，嗔恚相应心异，愚痴相应心异。一切外道相应心异——所谓愚痴相应心异，疑惑相应心异，邪见相应心异。进止威仪，其心亦异。善男子，心若常者，亦复不能分别诸色——所谓青、黄、赤、白、紫色。善男子，心若常者，诸忆念法，不应忘失。善男子，心若常者，凡所读诵，不应增长。复次，善男子，心若常者，不应说言：已作、今作、当作。若有已作、今作、当作，当知是心，必定无常。善男子，心若常者，则无怨亲、非怨非亲。心若常者，则不应言我物、他物，若死、若生。心若常者，虽有所作，不应增长。善男子，以是义故，当知心性，各各别异。有别义故，当知无常。善男子，我今于此非色法中，演说无常，其义已显。复当为汝，说色无常。是色无常，本无有生，生已灭故。内身处胎，歌罗逻时，本无有生，生已变故。外诸芽茎，本亦无生，生已变故。是故当知一切色法，悉皆无常。善男子，所有内色，随时而变。歌罗逻时异，安浮陀时异，伽那时异，闭手时异，诸疱时异，初生时异，婴孩时异，童子时异，乃至老时，各各变异。……外味亦尔，芽、茎、枝、叶、花、果味异。歌罗逻时力异，乃至老时力异。歌罗逻时状貌异，乃至老时状貌亦异。歌罗逻时果报异，乃至老死时果报亦异。歌罗逻时名字异，乃至老时名字亦异。所谓内色坏已还合，故知无常……次第渐生，故知无常。次第生歌罗逻时，乃至老时；次第生芽，乃至果子，故知无常。诸色可灭，故知无常。歌罗逻灭时异，乃至老灭时异；牙灭时异，乃至果灭时异，故知无常。凡夫无智，见相似生，计以为常。以是义故，名曰无常。"

⑩传佛心印：《传心法要》云："迦叶已来，以心印心，心心不异。印著空，即印不成文。印著物，即印不成法。故以心印心，心心不异。"

⑪无尽藏：即刘志略之姑。

⑫八倒：指凡夫所迷执的八种颠倒的错误见解。对生死的无常、无乐、无我、无净，执定为常、乐、我、净者，是凡夫的"四倒"；对涅槃的常、乐、我、净，执定为无常、无乐、无我、无净，是二乘人的"四倒"。这两种"四倒"合起来就是"八倒"。

⑬了义教："了义"指直接、完全显了述尽佛法道理，而"不了义"则指教法之未能如实诠显理趣之方便说。二者合称为"二义"。了义教，即指如实诠显全部理趣之教法，如诸大乘经说生死、涅槃无异者。

⑭真常真乐真我真净：《涅槃经》云："不迁名常，安稳名乐，自在名我，无我名净。"常乐我净，大乘大般涅槃所具之四德也。一、常德。涅槃之体恒不变而无生灭，是名为常。又随缘化用而常不绝，名之为常。二、乐德。涅槃之体寂灭而永安，名之为乐。又运用自在，所为适心，名之为乐。三、我德。"我"解有二种：一者就体，自实名我。二者就用，自在名我。四、净德。涅槃之体，解脱一切之

垢染,名之为"净"。又随缘而处,未尝有污,名之为"净"。

⑮因守无常心,佛说有常性:凡夫、二乘若执守以为无常,而佛欲破
其执,则说以为有常。凡夫、二乘若执守以为有常,而佛欲破其
执,则又说以为无常。凡夫、二乘若执守善根有二:一者常,二者
无常。而佛欲破其执,则又说以为非常、非无常。

【译文】

僧人志彻,江西人,原来姓张,名字叫行昌,少年时候喜好行侠仗
义。自从南宗北宗产生分化之后,两派宗主神秀大师和惠能大师虽然
不分彼此、没有争胜,然而他们的弟子徒众却竞相生起爱憎之心。当
时,北宗弟子们,自封神秀大师为禅宗第六代祖师,又忌讳天下人都知
道的惠能大师得传衣钵之事,便嘱咐行昌来行刺惠能大师。

惠能大师事先预测到了这件事,便放了十两黄金在座位上。那天
天黑了,行昌潜入惠能大师的房间,准备加害大师。大师伸出脖子给他
砍,行昌砍了三刀,都一点没有损伤到惠能大师。

大师说:"正义之剑不会邪恶,邪恶之剑不能正义,我只该给你金
钱,不欠你性命。"

行昌惊恐万状,扑倒在地,很久才苏醒过来,哀求能够悔过自新,当
即愿意出家为僧。大师便给了他金钱,说:"你暂时先去,我担心我的弟
子们反过来要加害你。你可以在其他时间乔装打扮再来,我自当接受
你为徒。"行昌领受大师旨意连夜离开。后来投奔僧人剃度出家,接受
戒规,精进修行。

有一天,想起了惠能大师的话,远道而来拜见大师。大师说:"我念
叨你很久了,你为什么这么晚才来?"

行昌说:"上次承蒙大师饶恕我的罪过。现在我虽然出家苦苦修
行,终究难以报答大恩大德,唯有随您传法度众生。弟子我常常阅览
《涅槃经》,不明白常、无常的教义。恳请大师慈悲,简单为我解说。"

大师说:"无常,就是佛性;常,就是对一切善恶法的分别心。"

行昌说:"大师,你说的与经文大相径庭。"

惠能大师说:"我传授佛法心印,怎么敢违背佛经呢?"

行昌说:"经文上说佛性是常,大师您却说佛性是无常;一切善恶事物,甚至无上觉悟,都是无常,大师您却说是常,这不是与经文相背吗?这使得我更加增添了疑惑。"

大师说:"《涅槃经》,我曾经听尼姑无尽藏比丘尼念诵过,我给她讲说经文大义,没有一点不符合佛经的。刚才给你讲的,也是同样的道理,不会有别的说法。"

行昌说:"我见识浅薄,希望师父开示。"

惠能大师说:"你知道吗? 如果佛性是常,为什么还要说善恶诸法,以至于还说从来没有人发菩提觉悟之心? 所以我说佛性无常,是说佛性真实常在。还有,如果说一切事物无常,是说万事万物都有自己的体性,用以承受生死,而真实存在的佛性也有不能遍及的地方。所以我说的常,正是佛说的无常。佛知道世俗人和外道将无常看作真实存在,而声闻和缘觉二乘人,把佛性看作无常。所以出现了常、乐、我、净、非常、非乐、非我、非净八种颠倒妄想见。《涅槃经》的教义是破斥这些断见,指出什么是真常、真乐、真我、真净四德。你依据经文文字却违背经文经义,以有断灭的现象为无常,而以确定僵死为常,错误地理解佛陀最后开示的妙谛。这样纵使念经千遍,又有何用?"

行昌豁然开悟,说了偈子:

　　　因守无常心,佛说有常性;

　　　不知方便者,犹春池拾砾。

　　　我今不施功,佛性而现前;

　　　非师相授与,我亦无所得。

惠能大师说:"你现在彻底开悟了,你就改名叫志彻吧。"

志彻行礼致谢后便退下。

有一童子，名神会^①，襄阳高氏子。年十三，自玉泉来参礼。

师曰："知识远来艰辛，还将得本来否？若有本则合识主^②，试说看！"

会曰："以无住为本，见即是主。"

师曰："这沙弥争合取次语^③！"

会乃问曰："和尚坐禅，还见不见？"

师以柱杖打三下，云："吾打汝痛不痛？"

对曰："亦痛亦不痛。"

师曰："吾亦见亦不见。"

神会问："如何是亦见亦不见？"

师云："吾之所见，常见自心过愆，不见他人是非好恶，是以亦见亦不见。汝言亦痛亦不痛如何？汝若不痛，同其木石；若痛，则同凡夫，即起恚恨。汝向前见不见是二边，痛不痛是生灭^④。汝自性且不见，敢尔弄人？"

神会礼拜悔谢。

师又曰："汝若心迷不见，问善知识觅路。汝若心悟，即自见性，依法修行。汝自迷不见自心，却来问吾见与不见。吾见自知，岂代汝迷？汝若自见，亦不代吾迷。何不自知自见，乃问吾见与不见？"

神会再礼百余拜，求谢过愆，服勤给侍，不离左右。

一日，师告众曰："吾有一物，无头无尾，无名无字，无背无面，诸人还识否？"

神会出曰："是诸佛之本源，神会之佛性^⑤。"

师曰:"向汝道无名无字,汝便唤作本源佛性。汝向去有把茆盖头⑥,也只成个知解宗徒⑦。"

祖师灭后,会入京洛,大弘曹溪顿教,著《显宗记》⑧,盛行于世,是为荷泽禅师。

师见诸宗难问,咸起恶心,多集座下,愍而谓曰:"学道之人,一切善念恶念,应当尽除。无名可名,名于自性;无二之性,是名实性。于实性上建立一切教门,言下便须自见。"诸人闻说,总皆作礼,请事为师。

【注释】

①神会(668—760):在早期禅宗史上,神会是位举足轻重的人物,为荷泽宗之祖。俗姓高。年幼时学习五经、老庄、诸史,后投国昌寺颢元出家。十三岁时,参谒六祖惠能。惠能示寂后,参访四方,跋涉千里。开元二十年(732)设无遮大会于河南滑台大云寺,与山东崇远论战。竭力攻击神秀一门,确立南宗惠能系之正统传承与宗旨。并于天宝四年(745)著《显宗记》,定南惠能为顿宗,北神秀为渐教,"南顿北渐"之名由是而起。神会示寂于上元元年(760),世寿九十三,敕谥"真宗大师"。

②主:主人公,即自性也。

③沙弥:指佛教僧团中,已受十戒,未受具足戒,年龄在七岁以上、未满二十岁之出家男子。意译为"息慈",即息恶和行慈的意思;又译作"勤策",即为大僧勤加策励的对象。沙弥有三类:七至十三岁,名"驱乌沙弥",谓其只能驱逐乌鸟。十四至十九岁,名"应法沙弥",谓正合沙弥的地位。二十至七十岁,名"名字沙弥",谓在此年龄内,本来应居比丘位,但以缘未及,故尚称"沙弥"的名字。

④见不见是二边,痛不痛是生灭:若执己有所见,属常见;若执无所见,即属断见。"断"、"常"二见属佛教所说"边见"(离于中道之偏见),故说"二边"。痛与不痛,属于生理感受之一种,处于时刻变化之中,故言"生灭"。六祖之言,意在责备神会不见自性而妄牵他人,不知用功之处。

⑤佛性:此物本是离名绝相,无解无说,清净本觉。不与妄合,不生亦不灭,无来也无去。住禅定而不寂,在烦恼而不乱。虽在尘劳,亦不污染。宝体精光,一无所坏。此本非物,此本无名。非物则强指为物,无名则强名其名。无名之名,名曰本源佛性。

⑥向去有把茆(hui)盖头:向去,即从偏位向于正位,而从正位向于偏位叫作却来。茆,即茅草,"把茆盖头"就是取茅草建草庵以作栖身处。

⑦知解宗徒:指通过文字来修行的人,即以学习和理解经典文字为修行的僧人。另外,禅宗往往以呵斥之辞为印可者,这便是其中一例也。在《神会和尚禅话录》中,神会认为"灵知之心"、"知见"即佛性,神会的弟子宗密将之概括为"知之一字,众妙之门",作为神会的根本见地。由于知之功能,本通凡圣,亦通染净,对于见性透彻者来说,视"知"为众妙之门,本来也不错。但对于未见本性者,则存在误认、误导的重大隐患。南泉禅师"道不属知,不属不知。知是妄觉,不知是无记";《维摩诘经》"不可以智知,不可以识识";《楞严经》"知见立知,即无明本";皆在摒斥将日常的见闻觉知及清净六识视作真知、佛性的错误。法眼大师云:"古人授记人,终不错。如今方知解为宗,即荷泽是也。"黄檗云:"我此禅宗,从上相承已来,不曾教人求知求解。"黄龙死心禅师更是直斥"知之一字,众祸之门",对神会见地的流弊加以痛责。

⑧《显宗记》:全称《荷泽大师显宗记》,全一卷,唐代荷泽神会著。据传本书是作者在天宝四年(745),于滑台为北宗禅者攻击时所

著,主要叙述南宗顿悟之旨,并论述传衣在禅宗传承中的重要性。据《全唐文》载,其内容为:"无念为宗,无作为本。真空为体,妙有为用。夫真如无念,非想念而能知。实相无生,岂色心而能见?无念念者,即念真如。无生生者,即生实相。无住而住,常住涅槃。无行而行,即超彼岸。如如不动,动用无穷。念念无求,求本无念。菩提无得,净五眼而了三身。般若无知,运六通而弘四智。是知即定无定,即慧无慧,即行无行。性等虚空,体同法界。六度自兹圆满,道品于是无亏。是知我、法体空,有无双泯。心本无作,道常无念。无念无思,无求无得。不彼不此,不去不来。体悟三明,心通八解,功成十力,富有七珍。入不二门,获一乘理。妙中之妙,即妙法身。天中之天,乃金刚慧。湛然常寂,应用无方。用而常空,空而常用。用而不有,即是真空。空而不无,便成妙有。妙有即摩诃般若,真空即清净涅槃。般若是涅槃之因,涅槃是般若之果。般若无见,能见涅槃。涅槃无生,能生般若。涅槃般若,名异体同。随义立名,故云法无定相。涅槃能生般若,即名真佛法身。般若能建涅槃,故号如来知见。知即知心空寂,见即见性无生。知见分明,不一不异,故能动寂常妙,理事皆如。如即处处能通,达即理事无碍。六根不染,即定慧之功。六识不生,即如如之力。心如境谢,境灭心空。心境双亡,体用不异。真如性净,慧鉴无穷。如水分千月,能见闻觉知。见闻觉知,而常空寂。空即无相,寂即无生。不被善恶所拘,不被静乱所摄。不厌生死,不乐涅槃。无不能无,有不能有。行住坐卧,心不动摇。一切时中,获无所得。三世诸佛,教旨如斯。即菩萨慈悲,递相传受。自世尊灭后,西天二十八祖,共传无住之心,同说如来知见。至于达摩,届此为初,递代相承,于今不绝。所传秘教,要藉得人。如王髻珠,终不妄与。福德、智慧,二种庄严,行解相应,方能建立。衣为法信,法是衣宗。唯指衣法相传,更无别法。内传心印,印契本心。外传袈裟,将表宗旨。非衣不传于法,非法不受于衣。衣是法信之衣,法是无生之法。无生即无虚妄,乃是空寂之心。知空寂而了法身,了法身而真解脱。"

【译文】

有一个童子,名叫神会,襄阳高家的子弟。十三岁时,从神秀主持的玉泉寺来到曹溪山向惠能大师致礼。

惠能大师说:"善知识远道而来,辛苦非常,还能识见事物的本来面目吗?如果认识事物的本来面目,就应该识见本体,你先说说看。"

神会说:"事物的本来面目无所住,永远不会静止,认识本身就是主体。"

惠能大师说:"这个小师父怎么说话如此轻率!"

神会说:"大师你坐禅,识见佛性了吗?"

惠能大师用禅杖打了神会三下子,问:"我打你,痛还是不痛?"

神会说:"也痛也不痛。"

惠能大师说:"那我见了,也没有见。"

神会问:"什么叫做也见了,也没见?"

惠能大师说:"我说见是说常见自己的过错,不见他人的是非好恶,这是说见到了,也没见到。那你说也痛也不痛是什么意思?你如果不痛,你就是和草木瓦石一样没有知觉;你如果说痛,那你就和凡夫俗子一样,会生起怨恨之心。见与不见是两种偏见,痛和不痛是可以生灭的有为法。你还没识见本心,怎敢捉弄他人?"

神会礼拜表示悔过。

惠能大师又说:"如果心念愚迷,不能识见本性,就必须找善知识教示。如果心念开悟,识见自性,就依此修行。现在你自己迷误,不能认识真心,反来问我是否识见佛性。我是否识见佛心,我自己心知肚明,难道这能代替你不迷误?反之亦然,你如果能够识见自性也代替不了我的迷误。为何不去自我识见、自我认识，却在这里问我有没有识见佛性？"

神会再次向惠能大师致礼多达一百多次，请求饶恕，并勤勉地做杂务和服侍大师，不离大师身边。

有一天，惠能大师告诉大家："我有一样东西，没头没尾，没名没字，没背面，没正面，大家知道是什么吗？"

神会起立说道："是一切佛的本源，是神会的佛性。"

大师说："对你说了没名没字，你却还要把他叫做本源佛性。你以后即便当了住持，也只能成为一个知解宗徒。"

惠能大师圆寂后，神会到了京师长安与洛阳，大力弘扬惠能大师的顿教法门，著有《显宗记》，盛行于世，这就是著名的荷泽禅师。

惠能大师看到各宗派之间互相为难指责，弟子们都生起邪恶之心，所以经常召集门人弟子，宽厚怜悯地对大家说："修行佛道的人，一切善念、恶念，都应该全部除掉。没有什么名相可以指称自我本性；独具无二、没有分别的自性叫做实性。在实性的基础上建立一切教派法门，都必须立刻就能自我识见。"所有人听了，全都行礼，请求惠能大师教化指授他们。

护法品第九

【题解】

本品记叙了武则天、唐中宗派遣内侍薛简拟请六祖惠能大师至宫中供养,大师以老疾上表托辞的事由。其后,应薛简的请求,大师予以开示,为他辨析了北宗所一味强调的坐禅之弊病,认为"道由心悟,岂在坐也",指明诸法空寂、无生无灭,获得佛法的真正途径还在于自性体悟,进而指出"烦恼即菩提",表明即世间求解脱、不离生死证涅槃的思想主旨。昭示世人立足当下,肯定人生。这对后来近代"人间佛教"具有很深远的内在指导意义。最后交代了薛简表奏、朝廷奖谕的事宜。

神龙元年上元日^①,则天、中宗诏云^②:"朕请安秀二师^③,宫中供养。万机之暇,每究一乘^④。二师推让云:'南方有能禅师,密授忍大师衣法,传佛心印,可请彼问^⑤。'今遣内侍薛简^⑥,驰诏迎请,愿师慈念,速赴上京^⑦。"

师上表辞疾,愿终林麓。

【注释】

①神龙元年上元日:神龙为唐中宗年号(705—707),正月十五日为

上元。

②则天、中宗：指太后武则天和唐中宗李显。

③安秀二师："秀"即指北宗神秀大师。"安"指慧安国师，亦是弘忍的弟子之一，曾受到武则天和唐中宗的重视。因常住嵩山，故又称"嵩山慧安"。《景德传灯录》卷四有传云："嵩岳慧安国师，荆州枝江人也。……唐贞观中至黄梅谒忍祖，遂得心要……武后征至辇下，待以师礼，与神秀禅师同加钦重。后尝问师甲子，对曰：'不记。'后曰：'何不记邪？'师曰：'生死之身，其若循环。环无起尽，焉用记为？况此心流注，中间无间。见沤起灭者，乃妄想耳。从初识至动相，灭时亦只如此，何年月而可记乎？'后闻，稽颡信受。寻以神龙二年，中宗赐紫袈裟，度弟子二七人。仍延入禁中，供养三年。又赐摩衲一副。师辞嵩岳。"

④一乘：即指佛乘，又作"一佛乘"、"一乘教"、"一乘究竟教"、"一乘法"、"一道"等。"乘"为"交通工具"之意，此处指成佛之教法。佛教教义乃唯一之真理，以其能教化众生悉皆成佛，故称为"一乘"。

⑤可请彼问：神秀等向朝廷推荐惠能之事亦见记于《旧唐书》中，其云："神秀尝奏则天，请追惠能赴都。惠能固辞，神秀又自作书重邀之。惠能谓使者曰：'吾形貌短陋，北土见之，恐不敬吾法。又先师以吾南中有缘，亦不可违也。'竟不度岭而死。"

⑥内侍：官名。隋置内侍省，领内侍、内常侍等官，皆以宦者为之。唐因其制，后人因沿称宦者为"内侍"。

⑦上京：京师之通称。

【译文】

唐中宗神龙元年正月十五日，太后武则天和唐中宗下诏说："我迎请嵩山慧安和荆南玉泉寺的神秀两位大师到宫里来，诚心供养。于日理万机之中，每有空暇，就向两位大师请教，研究佛法。两位大师十分谦让,都推举惠能大师。说:'南方有位惠能大师从五祖弘忍大师那里秘密得受了衣钵和教法,得传了佛法的心印,可以迎请他来宫中向他请教。'现在我派道内侍薛简传达诏书来迎请大师,望大师慈悲为怀,立即赶赴京城。"

惠能大师上呈了表章,以身体有疾病为理由推辞了延请,并表示自己愿意永远生活于山林之中,直到终老。

薛简曰:"京城禅德皆云:'欲得会道①,必须坐禅习定;若不因禅定而得解脱者,未之有也。'未审师所说法如何?"

师曰:"道由心悟,岂在坐也②?经云:'若言如来若坐若卧,是行邪道。'何故?无所从来,亦无所去,无生无灭,是如来清净禅③;诸法空寂,是如来清净坐。究竟无证④,岂况坐耶?"

简曰:"弟子回京,主上必问。愿师慈悲,指示心要,传奏两宫,及京城学道者。譬如一灯,然百千灯,冥者皆明,明明无尽。"

师云:"道无明暗,明暗是代谢之义。明明无尽,亦是有尽,相待立名。故《净名经》云:'法无有比,无相待故。'"

简曰:"明喻智慧,暗喻烦恼。修道之人,倘不以智慧照破烦恼,无始生死,凭何出离?"

师曰:"烦恼即是菩提,无二无别。若以智慧照破烦恼者,此是二乘见解,羊鹿等机⑤;上智大根,悉不如是。"

简曰:"如何是大乘见解?"

师曰:"明与无明⑥,凡夫见二;智者了达,其性无二。无二之性,即是实性。实性者,处凡愚而不减,在贤圣而不增;

住烦恼而不乱,居禅定而不寂。不断不常,不来不去,不在中间,及其内外。不生不灭,性相如如,常住不迁,名之曰道。”

简曰:“师说不生不灭,何异外道?”

师曰:“外道所说不生不灭者,将灭止生,以生显灭,灭犹不灭,生说不生。我说不生不灭者,本自无生,今亦不灭,所以不同外道。汝若欲知心要,但一切善恶,都莫思量⑦,自然得入清净心体,湛然常寂,妙用恒沙。”

简蒙指教,豁然大悟。礼辞归阙⑧,表奏师语。

【注释】

①会道:体会大道也。

②道由心悟,岂在坐也:关于悟道与坐禅的关系,在《景德传灯录》中有一个流传甚广的故事,其云:南岳让禅师见马祖坐禅次,师欲接之,故将片砖于祖庵前石上,磨之复磨。祖曰:“作什么?”师曰:“磨砖作镜。”祖曰:“磨砖岂得成镜?”师曰:“磨砖既不成镜,坐禅岂得成佛?”祖曰:“如何即是?”师曰:“如牛驾车,车若不行,打牛即是? 打车即是?”祖无对。师又问:“汝学坐禅? 为学坐佛? 若学坐禅,禅非坐卧。若学坐佛,佛非定相。于无住法,不应取舍。汝若坐佛,即是杀佛。若执坐相,非达其理。”

③如来清净禅:“如来禅”的简称,《楞伽经》所说“四种禅”之一。由如来直传之禅或如来所得之禅定,即入于如来地,证得圣智三种乐,为利益众生而示现不思议之广大妙用者。《楞伽经》云:“云何如来禅? 谓入如来地,得自觉圣智相三种乐住,成办众生不思议事,是名如来禅。”宗密将禅分为五种,其中“最上乘禅”称为如来清净禅(略称“如来禅”),又称“一行三昧”、“真如三昧”。此禅

之旨趣,系顿悟自心本来清净无有烦恼,具足无漏之智性,且此种清净心与佛无异,此心即佛。《禅源诸诠集都序》云:"若顿悟自性本来清净,元无烦恼,无漏智性本来具足,此心即佛,毕竟无异。依此而修者,是最上乘禅。亦名如来清净禅,亦名一行三昧,亦名真如三昧。此是一切三昧根本,若能念念修习,自然渐得百千三昧。达摩门下展转相传者,是此禅也。"太虚大师则将中国禅宗分为悟心成佛禅、超佛祖师禅、越祖分灯禅等数个阶段。其中达摩至六祖为悟心成佛禅之阶段,行思、怀让至黄檗等为超佛祖师禅,沩仰、临济等五宗为越祖分灯禅。

④究竟无证:意在强调无住、无着的般若智慧的不离。《顿悟入道要门论》:"问:'修道者以何为证?'答:'毕竟证为证。'问:'云何是毕竟证?'答:'无证无无证,是名毕竟证。'问:'云何是无证?云何是无无证?'答:'于外不染色、声等,于内不起妄念心,得如是者,即名为证。得证之时,不得作证想,即名无证也。得此无证之时,亦不得作无证想,是名无证,即名无无证也。'"

⑤二乘见解,羊鹿等机:"二乘"即指声闻乘与缘觉乘。羊、鹿指羊车和鹿车。这里指二乘发心度化的众生较少。详见第七品"三车"注。

⑥明与无明:明,是智慧、学识。因此,"无明"的语意就是无智。无明是烦恼之别称,即不如实知见,暗昧事物之意。

⑦但一切善恶,都莫思量:前文亦有类似提法,如惠能大师对惠明的教诲云:"不思善,不思恶,正与么时,那个是明上座本来面目。"历史上,圭峰宗密禅师有与之相关的解释云:"六祖大师云:佛说一切法,为度一切心。我无一切心,何须一切法?今时人但将此语轻于听学,都不是观实无心否?若无心者,八风不能动也。设习气未尽,嗔念任运起时,无打骂仇他心。贪念任运气时,无营求令得心。见他荣盛时,无嫉妒求胜心。一切时中,于自己无忧饥冻心,无恐人轻贱心,乃至种种此等,亦得名为无一

切心也。"

⑧归阙：归于帝所也。阙，《说文》："门观也。"

【译文】

薛简说："京城里的禅师大德都说：'想要领会佛道，必须要坐禅习定；如果不凭藉修禅习定而能够得到解脱，这样的人还没出现过。'不知道大师您所讲说的教法是什么样子的？"

惠能大师说："得成佛道要靠自心自悟，怎么会是在于长期打坐呢？佛经上说：'如果说佛似乎在坐或似乎在卧，那么就是在修行邪道。'这是什么原因呢？既没有所来之处，也没要去的地方，没有生成也没有毁灭，这是佛的清净禅；一切事物现象虚幻空寂，这是佛的清净坐。最终的究竟解脱是没有办法印证的，更何况长期打坐。"

薛简说："弟子我回到京城，太后皇上必然问起大师的教法心要，希望大师慈悲为怀，给我指点开示要旨心得，我好表奏太后皇上两宫，以及京城参学佛道的人士。这好比一盏灯点燃千百万盏灯，晦暗都得到光明。灯灯光明没有穷尽。"

惠能大师说："佛道没有光明黑暗的区分，光明和黑暗的意义是相互代谢，互为依存。说光明处处没有尽头，其实也终究是有尽头的。光明和黑暗二者是互为对立、互为条件一对概念范畴。所以《净名经》说：'佛法没有事物可与比拟，没有事物可以与之相对应的。'说的就是这个道理。"

薛简说："光明比喻智慧，黑暗比喻烦恼。修行佛道的人如果不用智慧观照破斥烦恼，无始以来的生死靠什么来超离呢？"

惠能大师说："烦恼就是菩提，不是两种东西，它们本质相同，没有分别。如果要用智慧观照破斥烦恼，那这就是声闻和缘觉二乘的见解，是《法华经》上说的乘坐羊车和鹿车的人的见解；有上智和大根器的人，都不是这样理解的。"

薛简说："什么是大乘的见解呢？"

惠能大师说："光明智慧和愚迷黑暗，凡夫俗子看到的是两种东西的不同性质;智慧了达的人则明白他们在本质上是没有区别的。这种没有区别、平等一致的本性就是真实佛性。真实佛性,处于凡俗愚迷境地时不会减少,处于贤明圣达的境地时不会增加;处于烦恼中而不散乱,处于禅定中而不寂灭。没有断绝没有永恒,没有来处没有去处,也不停留在中间状态,也不存在于内部和外部。没有生成和毁灭,本性和相状真实如一,永恒存在没有变化,叫做佛道。"

薛简说:"大师所说的没有生成和毁灭,与外道有什么不同之处?"

惠能大师说:"外道所讲的没有生成毁灭,是用毁灭来止断生成,用生成来显示毁灭,这种毁灭等于没有毁灭,生成也可以说没有生成。我说的没有生成没有毁灭,是本来就没有生成,现在也不存在毁灭,所以是与外道不同的。你如果想要知道心得要旨,只要一切善和恶都不去思维度量它,自然而然悟入清净本心,湛然明净,永恒静寂,其妙用之多,犹如恒河之沙。"

薛简受到了指点教化,豁然开悟。礼敬辞别惠能大师而回归宫中,上表报奏了惠能大师的教说。

其年九月三日,有诏奖谕师曰:"师辞老疾,为朕修道,国之福田。师若净名,托疾毗耶①,阐扬大乘,传诸佛心②,谈不二法。薛简传师指授如来知见,朕积善余庆,宿种善根,值师出世,顿悟上乘,感荷师恩,顶戴无已。并奉磨衲袈裟③,及水晶钵④,敕韶州刺史修饰寺宇,赐师旧居为国恩寺。"

【注释】

①毗耶:即是毗耶离城,亦名"广严",指其土平广严事,乃维摩诘居士之居处。

②传诸佛心:即言传布历代祖师之佛心宗也。佛心宗者,即直指人

心见性成佛之谓也。

③磨衲袈裟：袈裟之一种。相传乃高丽所产，以极精致之织物制成。磨，即指紫磨，属于绫罗类。

④水晶钵：水晶，色如白冰，性坚而脆，吾国所产颇多。结晶常作斜方六面体，无色透明，光泽如玻璃，而硬度较高。以制眼镜、印章及透光镜等物。我国江苏东海县盛产水晶。关于水晶钵，《岭南丛述》云："魏庄渠校视学粤中，恶佛氏，必诋之，毁祠庙甚多，而曹溪之钵竟被捶碎。至崇祯间，有彭孝廉某病，梦至官府处，神被服如王者。闻胥吏传呼魏校一案，须臾一人峨冠盛服入，神问：'何以毁曹溪钵？'答言：'吾为孔子之徒，官督学，校在广东毁淫祠几千百所，岂但一钵？'神云：'闻钵破，中有魏字，如此神异，焉可以为异端毁之？'答云：'魏是予姓，数已前定。虽欲不毁，其可得耶？'神语塞，校揖而出。夫庄渠手诚辣矣，然千年异物，一朝碎之，能无孙家觚瓦吊之讥乎？"魏庄渠校，其中庄渠是号，校是名，魏校为明代之大儒，《明儒学案》卷六载魏校"提学广东时，过曹溪，焚大鉴之衣，椎碎其钵，曰：无使惑后人"。则魏校不仅碎六祖之钵，亦且焚传法之衣矣。

【译文】

这一年的九月三日，朝廷下诏褒奖赞誉惠能大师，说："大师以年老多病辞去召请，一心修行佛道，这是国家的福报啊。大师就如同维摩诘居士一样，推脱有病而居住于毗耶离城中，从而大力弘扬大乘佛法，传授一切佛的心印，宣讲佛性平等无二的教法。薛简已经上表奏明了大师所传授的佛智见解，往昔积累的善行使我有了今天的福报，是前世种下的善根，正逢大师出世行化，令我立刻顿悟佛法上乘。承受大师的恩泽，十分感激，致礼不已。同时奉送磨衲袈裟和水晶钵，命令韶州刺史维修整饰寺庙殿宇，赐名大师的旧居为国恩寺。"

付嘱品第十

【题解】

　　本品主要记叙的是惠能临终说法的内容,是惠能对自己禅法的总结和概述。惠能先举出阴、界、入三科法门,即五阴、十二入、十八界,目的在于破除我执。接着以三十六对法阐明佛教中道观。经中强调了"出没即离两边"、"外于相离相,内于空离空"、"二道相因,生中道义"等禅宗宗旨。记载了惠能自知不久灭度,敦促建造墓塔,与徒众说"真假动静偈"。在回答弟子所询问衣钵传授之事时,指明今后世人当以《坛经》为正法,善自护持。还向众弟子讲解了一相三昧、一行三昧。预示了圆寂后会出现有人来盗取首级的劫难,开示了众人禅宗传授禅宗心印的法统及历代祖师的谱系。并再次强调了明心见性、自性真佛的宗旨。最后交代了一些惠能大师灭度后,弟子们处理善后的事情。

　　师一日唤门人法海、志诚、法达、神会、智常、智通、志彻、志道、法珍、法如等,曰:"汝等不同余人①,吾灭度后②,各为一方师③。吾今教汝说法,不失本宗。

　　"先须举三科法门④,动用三十六对,出没即离两边⑤。说一切法,莫离自性。忽有人问汝法,出语尽双,皆取对法,来去相因。究竟二法尽除⑥,更无去处。

"三科法门者,阴界入也。阴是五阴,色、受、想、行、识是也。入是十二入,外六尘,色、声、香、味、触、法,内六门,眼、耳、鼻、舌、身、意是也。界是十八界,六尘、六门、六识是也。自性能含万法,名含藏识。若起思量,即是转识⑦。生六识,出六门,见六尘,如是一十八界,皆从自性起用。

【注释】

①不同余人:常随侍使之众,故云"不同余人"。又其入道比余人为胜,故云"不同余人"。

②灭度:即涅槃、圆寂、迁化之意。通过修行而灭障度苦,证得果位,也就是永灭因果,开觉证果。《涅槃经》云:"灭生死故,名为灭度。"

③师:法海系《坛经》之斯坦因本作"头"。

④三科:指"五蕴"、"十二处"和"十八界",或译"五阴"、"十二入"、"十八界"。从这三方面观察人及世界,依愚夫迷悟之不同情况,破除我执,从而认识"无我"之理。

⑤出没即离两边:《顿悟入道要门论》云:"问:'云何是中道?'答:'无中间,亦无二边,即中道也。''云何是二边?'答:'为有彼心,有此心,即是二边。''云何名彼心、此心?'答:'外缚色声,名为彼心。内起妄念,名为此心。若于外不染色,即名无彼心;内不生妄念,即名无此心。此非二边也。心既无二边,中亦何有哉! 得如是者,即名中道。'"

⑥二法:分诸法为二种。或分为色、心,或分为染、净,有为、无为,有漏、无漏等。与"二相"意思相同。

⑦转识:转,意即转变、改转。唯识家认为在"八识"之中,除第八识

外,其余的眼、耳、鼻、舌、身、意、末那等"七识"都称为"转识"。此"七识"总称为"七转识"、"前七转"等。前七识以阿赖耶识为所依,缘色、声等境而转起,能改转苦、乐、舍等"三受",转变善、恶、无记等"三性",故称为"七转识"。

【译文】

一天,惠能大师叫来了弟子法海、志诚、法达、神会、智常、智通、志彻、志道、法珍、法如等,对他们说:"你们几个和其他人不一样,等我去世以后,你们各自要作教化一方的宗师。我现在教你们应当如何说法,才不会失去本宗宗旨。

"说法时首先必须列举出三科法门,使用三十六对相对法,言语一经说出口就要脱离两端,不落实处。讲说一切法的时候均不能离开自性。若突然有人问你佛法,说出来的话语要全部是对应成双的,全部要取相对的方法,言语来去要前后相应、互为因果。最后把生灭、有无二法全部扫除干净,再没有什么可以落执的处所。

"三科法门,就是阴、界、入。阴是五阴,即色、受、想、行、识。入就是十二入,就是身外六尘:色、声、香、味、触、法,身内六门:眼、耳、鼻、舌、身、意。界是十八界,就是六尘、六门和六识。自我本性能够含藏一切事物和现象,这叫做含藏识。如果生起分别思量,就是转识。生起眼识、耳识、鼻识、舌识、身识、意识这六识,六识通过眼、耳、鼻、舌、身、意六门认识了色、声、香、味、触、法六尘,这样就是十八界,全部是从自性中生起和产生作用的。

"自性若邪,起十八邪;自性若正,起十八正。若恶用即众生用,善用即佛用;用由何等,由自性有。

"对法外境,无情五对:天与地对,日与月对,明与暗对,阴与阳对,水与火对,此是五对也。

"法相语言十二对①:语与法对,有与无对②,有色与无色对,有相与无相对③,有漏与无漏对④,色与空对⑤,动与静对,清与浊对,凡与圣对,僧与俗对,老与少对,大与小对,此是十二对也。

"自性起用十九对:长与短对,邪与正对,痴与慧对,愚与智对,乱与定对,慈与毒对,戒与非对,直与曲对,实与虚对,险与平对,烦恼与菩提对,常与无常对,悲与害对,喜与嗔对,舍与悭对,进与退对,生与灭对,法身与色身对,化身与报身对,此是十九对也。"

师言:"此三十六对法,若解用,即道贯一切经法,出入即离两边。"

【注释】

①法相:指诸法所具本质之相状(体相),或指其意义内容(义相)。概括一切有生灭变化的现象,也包括永恒的无生灭变化的现象。

②有与无对:有,即存在、生存的意思,用于显示诸法的存在,又有实有、假有、妙有等之别。如三世实有;因缘和合而生即假有;圆成实性其体遍常而无生灭,所以说是妙有。无,即与"有"相对,意谓非存在。佛教认为所谓"有"或"无"之二边(即"偏有"或"偏无"之一方)皆为谬误;唯有超越"有"与"无"之相对性,始属绝对之真如。

③有相与无相对:"有相"和"无相"是对称。有相,系指差别有形之事相。又具有生灭迁流之相者,亦称。无相,则指一切诸法无自性,本性为空,无形相可得。

④有漏与无漏对:"漏"乃流失、漏泄之意;为"烦恼"之异名。人类由于烦恼所产生之过失、苦果,使人在迷妄的世界中流转不停,

难以脱离生死苦海,故称为"有漏";若达到断灭烦恼之境界,则
称为"无漏"。

⑤色与空对:色,为物质存在之总称。空,意译"空无"、"空虚"、"空
寂"、"空净"、"非有",指一切存在之物中,皆无自体、实体、我等。

【译文】

"自性如果邪恶执迷,就会生起十八种邪念;自性如果端正,就会生
起十八种正念。恶念起用就是众生之用,善念起用就是佛之用;被恶念
所用还是被善念所用,这由什么来决定,都是由自性决定其所用。

"所谓三十六对法,外界无情的事物有五对:天与地相对,太阳和月
亮相对,光明与黑暗相对,阴和阳相对,水和火相对,这是无情的五对。

"事物的本性、相状和语言方面有十二对:语言与佛法相对、有与无
相对、有色与无色相对、有相与无相相对、有漏与无漏相对、色与空相
对、动与静相对、清澈与浑浊相对、凡人与圣人相对、僧人与俗人相对、
老与少相对、大与小相对,这是法相语言的十二对。

"自性中生起的作用有十九:长与短相对、邪见与正见相对、愚痴
与聪慧相对、愚笨与智慧相对、乱与定相对、慈悲与毒害相对、戒与非相
对、直与曲相对、真实与虚妄相对、险与平相对、烦恼与菩提相对、常与
无常相对、悲与害相对、欢喜与嗔怒相对、施舍与吝啬相对、前进与后退
相对、生起与寂灭相对、法身与色身相对、化身与报身相对,这是自性起
用的十九对。"

惠能大师说:"这三十六对相对法的教法,如果能够理解运用,就能
贯通一切佛法与经典,与人交谈时,进退都能不执两边、脱离两个
极端。"

"自性动用,共人言语,外于相离相,内于空离空。若全
著相,即长邪见。若全执空,即长无明。执空之人有谤经,
直言不用文字。既云不用文字,人亦不合语言;只此语言,

便是文字之相。又云，直道不立文字，即此不立两字，亦是文字。见人所说，便即谤他言著文字，汝等须知自迷犹可，又谤佛经；不要谤经，罪障无数。

"若著相于外，而作法求真；或广立道场，说有无之过患，如是之人，累劫不得见性。但听依法修行，又莫百物不思，而于道性窒碍。若听说不修，令人反生邪念。但依法修行无住相法施。汝等若悟，依此说，依此用，依此行，依此作，即不失本宗。

"若有人问汝义，问有将无对，问无将有对；问凡以圣对，问圣以凡对。二道相因①，生中道义②。

"如一问一对，余问一依此作，即不失理也。设有人问：何名为暗？答云：明是因，暗是缘，明没即暗。以明显暗，以暗显明，来去相因，成中道义。余问悉皆如此。汝等于后传法，依此转相教授③，勿失宗旨。"

【注释】

①二道：指相对的两个方面，如"有"与"无"、"凡"与"圣"。

②中道：即离开二边之极端、邪执，为一种不偏于任何一方之中正之道。又作"中路"，或单称"中"。"中道"系佛教之根本立场。

③依此转相教授：惠能南宗在后来的发展过程中经常使用此法，如《顿悟入道要门论》中云："问：'云何是见佛真身？'答：'不见有无，即是见佛真身。'问：'云何不见有无，即是见佛真身？'答：'有因无立，无因有显。本不立有，无亦不存。既不存无，有从何得？有之与无，相因始有。既相因而有，悉是生灭也。但离此二见，即是见佛真身。'"又问："'何者是无为法？'答：'有为是。'问：'今

问无为法,因何答有为是?'答:'有因无立,无因有显。本不立
有,无从何生? 若论真无为者,即不取有为,亦不取无为,是真无
为法也。'"又问:"'何者是中道义?'答:'边义是。'问:'今问中
道,因何答边义是?'答:'边因中立,中因边生。本若无边,中从
何生? 今言中者,因边始有,故知中之与边,相因而立。'"

【译文】

"自性启动并生发作用的时候,和别人一起言论,对外在事物不执
着它的相状,对内在心念不执着于空无。如果全部执着于外在的相状,
就增长邪见。如果执着于空无,就增长无明愚痴。执着虚妄空无的人
常常会诽谤佛教经典,说不需要文字。既然说不需要文字,那么就不该
有语言文字;只是这样的语言,就是落入文字之相。又说直行佛道要不
立文字,就是'不立'这两个字,本身就是文字。看到别人所说的,就立
刻诽谤别人的言语是执着于文字,你们知道自己愚迷也就罢了,还来诽
谤佛经;千万不要诽谤佛经,那样的话,罪过障碍会多得无法计数。

"如果执着于外在境相,便会造作种种方法去求取佛道;或者广泛
地建立道场,宣讲有无的得失,像这样的人,永远不能识见自己的本性。
像这样的人要听从正法依止修行,还有不要什么都不想,而障碍佛道本
性使之窒断。如果只是听说而不去修行,反而会使人生起邪念。所以
必须依照佛法修行,不执着于相,并以此讲说佛法。你们如果能够开
悟,依照这个讲说,依照这个运用,依照这个修行,依照这个作为,就不
会迷失本门宗旨。

"如果有人问你佛法的意义,问有就用无来对,问无就用有来对;问
凡人就用圣人来对,问圣人就用凡人来对。在对立二相的因缘转化中,
持中道的本义。

"像这样一问一答,其余的问题也全部按照这样来作答,就不会失
去中道教义。假设有人问什么是暗? 回答:光明是本源,黑暗是条件,
光明消失则黑暗顿生。以光明来凸显黑暗,以黑暗来凸显光明,来去互

为因果,成就中道意义。其余的提问全部都是这样解答。你们在以后的传法过程中,依据这个相互转告,相互教化指授,不要失去本门宗旨。"

师于太极元年壬子,延和七月①,命门人往新州国恩寺建塔,仍令促工。次年夏末落成。七月一日,集徒众曰:"吾至八月,欲离世间。汝等有疑,早须相问,为汝破疑,令汝迷尽。吾若去后,无人教汝。"

法海等闻,悉皆涕泣;惟有神会,神情不动,亦无涕泣。

师云:"神会小师②,却得善不善等,毁誉不动,哀乐不生。余者不得,数年山中,竟修何道?汝今悲泣,为忧阿谁?若忧吾不知去处,吾自知去处,吾若不知去处,终不预报于汝。汝等悲泣,盖为不知吾去处。若知吾去处,即不合悲泣。法性本无生灭去来,汝等尽坐,吾与汝说一偈,名曰《真假动静偈》。汝等诵取此偈,与吾意同;依此修行,不失宗旨。"

众僧作礼,请师说偈。偈曰:

　　　一切无有真,不以见于真;
　　　若见于真者,是见尽非真。
　　　若能自有真,离假即心真;
　　　自心不离假,无真何处真?
　　　有情即解动,无情即不动;
　　　若修不动行,同无情不动。
　　　若觅真不动,动上有不动;
　　　不动是不动,无情无佛种。

能善分别相,第一义不动;
但作如此见,即是真如用。
报诸学道人,努力须用意;
莫于大乘门,却执生死智。
若言下相应,即共论佛义;
若实不相应,合掌令欢喜。
此宗本无诤,诤即失道意;
执逆诤法门,自性入生死。

【注释】

①"师于"二句:公元712年。这一年唐睿宗改元"太极元年",五月
又改元"延和元年",唐玄宗即位后,又于当年八月改元"先天元
年"。

②小师:系指受具足戒未满十年之僧人,若满十年则称住位。

【译文】

惠能大师在唐睿宗太极元年,即壬子年,也就是延和元年的七月,
命令弟子前往新州国恩寺建塔,还命令人去催促施工。第二年夏天快
结束的时候,塔建成竣工了。七月一日,惠能大师召集弟子门人,对他
们说:"我到八月,将要离开人世。你们有什么疑问,要早点来问,我为
你们破除疑惑,让你们愚迷尽除。我如果去世以后,就没有人再指导你
们了。"

法海等弟子听说以后,全部都痛哭流涕;只有神会,神色表情丝毫
没有变动,也没有哭泣流泪。

惠能大师说:"神会虽是个小禅师,却能得悟善与不善平等无差,不
被诋毁称誉所动摇,不生起哀伤和喜乐。其他人都没能做到,十几年在
山中修行,究竟修了什么道?你们现在悲伤哭泣,是为了谁忧伤?如果

是伤心我不知往哪里去，其实我自己知道我的去处，我如果不知道去处，是不会向你们事先通报的。你们悲伤哭泣，都是因为不知道我的去处。如果知道我的去处，就不该悲伤。佛法本性本来没有生灭来去，你们都全部坐下，我给你们说一个偈，名称为《真假动静偈》。你们念诵听取这个偈，就能和我的心意相同；依照这个偈修行，就不会迷失宗门旨趣。"

　　所有僧人都行礼，请惠能大师作偈。偈子说：

　　　　一切无有真，不以见于真；

　　　　若见于真者，是见尽非真。

　　　　若能自有真，离假即心真；

　　　　自心不离假，无真何处真？

　　　　有情即解动，无情即不动；

　　　　若修不动行，同无情不动。

　　　　若觅真不动，动上有不动；

　　　　不动是不动，无情无佛种。

　　　　能善分别相，第一义不动；

　　　　但作如此见，即是真如用。

　　　　报诸学道人，努力须用意；

　　　　莫于大乘门，却执生死智。

　　　　若言下相应，即共论佛义；

　　　　若实不相应，合掌令欢喜。

　　　　此宗本无诤，诤即失道意；

　　　　执逆诤法门，自性入生死。

　　时，徒众闻说偈已，普皆作礼。并体师意，各各摄心，依法修行，更不敢诤。乃知大师不久住世，法海上座，再拜问曰："和尚入灭之后，衣法当付何人？"

师曰:"吾于大梵寺说法,以至于今,抄录流行,目曰《法宝坛经》。汝等守护,递相传授,度诸群生。但依此说,是名正法。今为汝等说法,不付其衣。盖为汝等信根淳熟,决定无疑,堪任大事。然据先祖达摩大师,付授偈意,衣不合传。"偈曰:

　　吾本来兹土,传法救迷情①;
　　一华开五叶②,结果自然成。

【注释】

①迷情:指迷惑之众生(有情)。

②一华开五叶:唐末五代时期,从青原行思一系之下形成了曹洞宗、云门宗和法眼宗;从南岳怀让一系之下形成沩仰宗和临济宗,这五个宗派被合称为"禅宗五家","五叶"即指这五个宗派。另一说"五叶"表示五代,指菩提达摩以下的慧可、僧璨、道信、弘忍和惠能五位禅宗祖师。

【译文】

　　当时,弟子门人们听完了偈,全都行礼。并且各自体会惠能大师的意思,收拾本心,依照这个法门修行,不再相互争辩了。由于知道了惠能大师停驻人世的时间不多了,法海上座在此礼拜惠能大师,问道:"大师入灭之后,衣钵和教法应该传给谁?"

　　惠能大师说:"我在大梵寺说法,直到现在,所演说的内容已经被抄录下来并广为流布风行,其名目叫作《法宝坛经》。你们好好守护,次第相互流传指授,去度化人群众生。依照这个说法的就是真正的佛法。我现在为你们说法,不再付嘱袈裟,就是因为你们都已经信根淳熟,正定而没有疑惑,可以堪当弘法的大任了。而且根据祖师达摩大师付嘱所传授的偈子的含义,衣钵袈裟是不应该传下去的。"偈子说:

> 吾本来兹土，传法救迷情；
>
> 一华开五叶，结果自然成。

师复曰："诸善知识！汝等各各净心，听吾说法。若欲成就种智[①]，须达一相三昧，一行三昧[②]。若于一切处而不住相，于彼相中不生憎爱，亦无取舍，不念利益成坏等事，安闲恬静，虚融澹泊，此名一相三昧。若于一切处，行住坐卧，纯一直心，不动道场，真成净土，此名一行三昧。若人具二三昧，如地有种，含藏长养，成熟其实，一相一行，亦复如是。

"我今说法，犹如时雨，普润大地。汝等佛性，譬诸种子，遇兹沾洽，悉得发生。承吾旨者，决获菩提；依吾行者，定证妙果。听吾偈。"曰：

> 心地含诸种，普雨悉皆萌，
>
> 顿悟华情已，菩提果自成。

师说偈已，曰："其法无二，其心亦然。其道清净，亦无诸相。汝等慎勿观静，及空其心。此心本净，无可取舍，各自努力，随缘好去。"

尔时徒众作礼而退。

【注释】

①种智：为"一切种智"之略称，即佛了知一切种种法之智慧。唯佛有一切种智，声闻、缘觉等仅有总一切智。

②一相三昧，一行三昧：禅定之名。"一相"指平等无差别之真如相。"三昧"即将心定于一处（或一境）的一种安定状态。因此"一相三昧"指主观上对一切现象没有偏执，不生憎恨或爱意，也

没有取舍之心,不念利益成坏等事,而能够安闲恬静,虚融澹泊。"一相三昧"与"一行三昧"的意义并无大区别,只是前者是从不执着与"相"上讲,后者是从不执着于禅修时的身体姿势上讲。

【译文】

惠能大师又说:"各位善知识!你们各自清净心念,听我讲说佛法。如果要成就佛的智慧,必须达到一相三昧和一行三昧。如果在一切境相之中而能不执着于一切境相,对于那些相状不生起憎恶爱欲,也没有取得和舍弃,不考虑利益关系、成功失败等事情,安闲恬静,虚融淡泊,这叫做一相三昧。如果在一切处所,行住坐卧,直了心性,不需要借助外在道场,当下成就真实净土,这叫做一行三昧。如果人具有这两个三昧,就如同大地中含有种子,经过孕含、蓄藏、生长和培养,果实得以成熟。一相三昧和一行三昧,也是这样。

"我现在说法,好像及时雨,普遍润泽大地。你们的佛性,好像一粒粒的种子,遇到时雨滋润都能发芽生长。继承我的宗旨的人,肯定能证获菩提智慧;依照我的教法修行的人,肯定能证悟佛道妙果。听我的偈吧。"偈说:

心地含诸种,普雨悉皆萌。
顿悟华情已,菩提果自成。

惠能大师说完偈,说:"佛法不是二法,本心也是如此。佛道本是清净的,没有一切相状。你们千万要慎重,不要执着观静和空寂其心。本心原是本来清净的,没有取舍的,各自回去努力,随顺因缘好好去吧。"

当时弟子门人行礼后都退下了。

大师七月八日,忽谓门人曰:"吾欲归新州,汝等速理舟楫。"

大众哀留甚坚。

师曰:"诸佛出现,犹示涅槃,有来必去,理亦常然。吾此形骸,归必有所。"

众曰:"师从此去,早晚可回?"

师曰:"叶落归根,来时无口①。"

又问曰:"正法眼藏,传付何人?"

师曰:"有道者得,无心者通。"

又问:"后莫有难否?"

师曰:"吾灭后五六年,当有一人来取吾首。听吾记曰:头上养亲,口里须餐;遇满之难,杨柳为官②。"

又云:"吾去七十年,有二菩萨③,从东方来,一出家,一在家,同时兴化,建立吾宗;缔缉伽蓝④,昌隆法嗣。"

问曰:"未知从上佛祖应现已来,传授几代? 愿垂开示。"

师云:"古佛应世,已无数量,不可计也。今以七佛为始,过去庄严劫:毗婆尸佛、尸弃佛、毗舍浮佛。今贤劫:拘留孙佛、拘那含牟尼佛、迦叶佛、释迦文佛,是为七佛。已上七佛,今以释迦文佛首传:第一摩诃迦叶尊者,第二、阿难尊者,第三、商那和修尊者,第四、优波毬多尊者,第五、提多迦尊者,第六、弥遮迦尊者,第七、婆须蜜多尊者,第八、佛驮难提尊者,第九、伏驮蜜多尊者,第十、胁尊者,十一、富那夜奢尊者,十二、马鸣大士,十三、迦毗摩罗尊者,十四、龙树大士,十五、迦那提婆尊者,十六、罗睺罗多尊者,十七、僧伽难提尊者,十八、伽耶舍多尊者,十九、鸠摩罗多尊者,二十、阇耶多尊者,二十一、婆修盘头尊者,二十二、摩拏罗尊者,二十三、鹤勒那尊者,二十四、师子尊者,二十五、婆舍斯多尊者,二十六、不如蜜多尊者,二十七、般若多罗尊者,二十八、菩提达摩尊者,二十九、慧可大师,三十、僧璨大师,三十一、道信大师,三十二、弘忍大师,惠能是为三十三祖。从上诸祖,各有禀承。汝等向后,递代流传,毋令乖误。"

【注释】

①来时无口:无口,即没有讲什么话,此即无法可说之意。禅宗强调传心法要,是要靠自证自悟的,佛也是以无言传教。这里是指六祖惠能一生都没说过什么法。

②"头上"四句:这是一个禅宗的故事。在开元十年(722),新罗僧人金大悲想取六祖惠能肉身舍利的头回国供奉,就雇用了一名叫张净满的孝子去偷。张净满为金大悲办此事也是为了糊口和孝养父母。可是张净满不但无法成功盗取六祖的头,反而被官府捉拿归案。当时审问此案的县令名叫杨佩,州刺史名叫柳无忝。这个故事正好符合了这四句谶语。

③二菩萨:即指一出家、一在家的两位菩萨。其实这也是六祖圆寂前的悬记(预言)。但到底这两位菩萨指谁,有许多不同的说法。有人说出家的菩萨是指马祖道一禅师,在家菩萨则指庞蕴居士。也有说出家者为黄檗禅师,而在家者指的是裴休。胡适却认为另个悬记是《曹溪大师别传》的作者伪造的。

④伽蓝:全译为"僧伽蓝摩",又作"僧伽蓝",意译"众园";又称"僧园"、"僧院",意译为"园"。原指可供建设众僧居住之房舍(毗诃罗)的用地,后转为包括土地及建筑物的寺院总称。

【译文】

七月八日,惠能大师忽然与弟子说:"我要回新州,你们赶快准备船只。"

弟子门人苦苦哀求,坚决挽留。

惠能大师说："一切佛出现,都会指示涅槃,有来就会有去,道理本应就是这样。我这具躯体形骸,也该回去了。"

弟子们说："大师从今天走了以后,早晚还会回来吗?"

惠能大师说："落叶归根,我一生没有讲什么话。"

弟子又问:"佛教正法,大师将传授交付给哪一个?"

惠能大师说:"证悟了佛道的人会得到,无执着心的人会通达领会。"

弟子又问:"以后是不是会有劫难啊?"

惠能大师说:"我去世后五六年,应该会有一个人前来取我的首级。听我的偈记:头上养亲,口里需餐。遇满之难,杨柳为官。"

惠能大师又说:"我去世后七十年,有两位菩萨,从东方来,一位是出家僧人,一位是在家居士,他们同时大兴教化,建立宗派;修建寺庙,昌盛兴隆佛法宗门。"

弟子们问:"不知从最初佛祖应身现化以来,已经共计传授了多少代? 希望大师给予开示。"

惠能大师说:"从远古的佛应身出世,已经无数无量,不可计算了。现在就以七佛为开始吧,在过去世的庄严劫中:有毗婆尸佛、尸弃佛、毗舍浮佛。今贤劫:拘留孙佛、拘那含牟尼佛、迦叶佛、释迦文佛,这是被称作七佛的。以上的七佛,现在以释迦牟尼佛为首传,依次传递:第一、摩诃迦叶尊者,第二、阿难尊者,第三、商那和修尊者,第四、优波毬多尊者,第五、提多迦尊者,第六、弥遮迦尊者,第七、婆须蜜多尊者,第八、佛驮难提尊者,第九、伏驮蜜多尊者,第十、胁尊者,十一、富那夜奢尊者,十二、马鸣大士,十三、迦毗摩罗尊者,十四、龙树大士,十五、迦那提婆尊者,十六、罗睺罗多尊者,十七、僧伽难提尊者,十八、伽耶舍多尊者,十九、鸠摩罗多尊者,二十、阇耶多尊者,二十一、婆修盘头尊者,二十二、摩拏罗尊者,二十三、鹤勒那尊者,二十四、师子尊者,二十五、婆舍斯多尊者,二十六、不如蜜多尊者,二十七、般若多罗尊者,二十八、菩提达摩尊者,二十九、慧可大师,三十、僧璨大师,三十一、道信大师,三十二、弘忍大师,惠能就是三十三祖。从以上各位祖师,都各有禀受继承。你们今后一代一代的传授流布下去,不要有讹误。"

　　大师先天二年癸丑岁①,八月初三日,于国恩寺斋罢②,谓诸徒众曰:"汝等各依位坐,吾与汝别。"

　　法海白言:"和尚留何教法,令后代迷人得见佛性?"

　　师言:"汝等谛听,后代迷人,若识众生,即是佛性;若不识众生,万劫觅佛难逢。吾今教汝识自心众生,见自心佛性。欲求见佛,但识众生,只为众生迷佛,非是佛迷众生。自性若悟,众生是佛;自性若迷,佛是众生。自性平等,众生是佛;自性邪险,佛是众生。汝等心若险曲,即佛在众生中。一念平直,即是众生成佛。我心自有佛,自佛是真佛。自若无佛心,何处求真佛? 汝等自心是佛,更莫狐疑。外无一物而能建立,皆是本心生万种法。故经云:'心生种种法生,心灭种种法灭。'吾今留一偈,与汝等别,名自性真佛偈。"后代之人,识此偈意,自见本心,自成佛道。"偈曰:

真如自性是真佛,邪见三毒是魔王。
邪迷之时魔在舍,正见之时佛在堂。
性中邪见三毒生,即是魔王来住舍。
正见自除三毒心,魔变成佛真无假。
法身报身及化身,三身本来是一身。
若向性中能自见,即是成佛菩提因。
本从化身生净性,净性常在化身中。
性使化身行正道,当来圆满真无穷。

淫性本是净性因,除淫即是净性身。

性中各自离五欲,见性刹那即是真。

今生若遇顿教门,忽悟自性见世尊。

若欲修行觅作佛,不知何处拟求真?

若能心中自见真,有真即是成佛因。

不见自性外觅佛,起心总是大痴人。

顿教法门今已留,救度世人须自修,

报汝当来学道者,不作此见大悠悠。

【注释】

①先天二年:先天是唐玄宗之年号,先天二年即公元713年,是年十二月始改元"开元"。

②国恩寺:又名"龙山寺",唐朝时建于广西肇庆府新兴县南思龙山。

【译文】

唐玄宗先天二年,八月初三,惠能大师在国恩寺用完斋后,告诉所有弟子门人说:"你们各自按位子坐好,我跟你们道别。"

法海说:"大师留下什么教法,让后代愚迷的人们能得以识见佛性?"

惠能大师说:"你们仔细听好,后代愚迷的人,如果识见众生,就是识见佛性;如果不识见众生,永远寻佛却终难求到。我现在教你们如何识见自心众生,识见自心佛性。要想求得识见佛,只有识见众生,因为是众生不能识见于佛,不是佛不得识见众生。自我本性如果开悟得见,众生都是佛;自我本性如果执迷不悟,那么佛就是众生。自我心性平等无二,众生是佛;自我心性邪恶危险,那么佛是众生。你们的心如果险曲不正,那就是佛沦于众生之中。如果一念平等正直,那就是众生就都成佛了。我的本心中本自有佛，自性之佛才是真佛。自心中如果没有佛心，到那里去求真佛？你们的自己的本心就是佛，不要再怀疑了。自心之外面没有一物能够建立，因为万事万物都是本心所生发。所以佛经中说：'心生种种法生，心灭种种法灭。'我今天留一个偈，和你们作别，这个偈叫做自性真佛偈。后代的人识见这个偈的真意，自己识见本心，自我成就佛道。"偈中说道：

> 真如自性是真佛，邪见三毒是魔王。
> 邪迷之时魔在舍，正见之时佛在堂。
> 性中邪见三毒生，即是魔王来住舍。
> 正见自除三毒心，魔变成佛真无假。
> 法身报身及化身，三身本来是一身。
> 若向性中能自见，即是成佛菩提因。
> 本从化身生净性，净性常在化身中。
> 性使化身行正道，当来圆满真无穷。
> 淫性本是净性因，除淫即是净性身。
> 性中各自离五欲，见性刹那即是真。
> 今生若遇顿教门，忽悟自性见世尊。
> 若欲修行觅作佛，不知何处拟求真？
> 若能心中自见真，有真即是成佛因。
> 不见自性外觅佛，起心总是大痴人。
> 顿教法门今已留，救度世人须自修，
> 报汝当来学道者，不作此见大悠悠。

师说偈已，告曰："汝等好住，吾灭度后，莫作世情悲泣雨泪，受人吊问，身著孝服，非吾弟子，亦非正法。但识自本心，见自本性，无动无静，无生无灭，无去无来，无是无非，无住无往。恐汝等心迷，不会吾意，今再嘱汝，令汝见性。吾灭度后，依此修行，如吾在日。若违吾教，纵吾在世，亦无有益。"复说偈曰：

　　　　兀兀不修善①，腾腾不造恶②，

　　　　寂寂断见闻③，荡荡心无著④。

　　师说偈已，端坐至三更，忽谓门人曰："吾行矣！"奄然迁化⑤。

　　于时异香满室，白虹属地，林木变白，禽兽哀鸣。

【注释】

①兀兀不修善：指兀然不动，连善也不追求。兀兀，即高大不动的样子。

②腾腾不造恶：指逍遥自在却不有意去做坏事。腾腾，自在无所为的样子。

③寂寂断见闻：指宁静寂寥无见无闻。寂寂，安静祥和的样子。

④荡荡心无著：胸中坦荡无念无求。荡荡，心中平平坦坦而无所住。

⑤迁化：迁者迁移，化者化灭，通谓人之死。在佛教指僧侣之示寂。或谓有德之人于此土教化众生之缘已尽，而迁移于他方世界度化众生。与涅槃、圆寂、灭度、顺世、归真等同义。

【译文】

　　惠能大师说完偈以后，告诉大家："你们住留世间、好好珍重，我去世之后，不要像世间人那样的悲伤哭泣，泪如雨下，接受别人的吊唁慰问，身穿孝服，这样不是我的弟子，也不合真正的佛法。只要识见自我本心本性，没有动也没有静，没有生起也没有毁灭，没有来也没有去，没有是也没有非，没有住也没有往。我担心你们迷误，不能体会我的真意，现在再次叮嘱你们，让你们识见本心。我去世后，依照这个修行，就

好像我在的时候一样。如果违背了我的教法,纵然我在世,也没有什么益处。"再说偈:

> 兀兀不修善,腾腾不造恶,
>
> 寂寂断见闻,荡荡心无著。

惠能大师说完偈以后,端坐着直到三更天,忽然告诉弟子门人说:"我去了!"便溘然长逝。

当时奇异的香味溢满室内,一道白虹接天贯地,山林树木霎时变白,禽鸟野兽鸣叫哀嚎。

十一月,广、韶、新三郡官僚,洎门人僧俗,争迎真身①,莫决所之。乃焚香祷曰:香烟指处,师所归焉。

时香烟直贯曹溪。

十一月十三日,迁神龛并所传衣钵而回。

次年七月出龛,弟子方辩以香泥上之。

门人忆念取首之记,仍以铁叶漆布②,固护师颈入塔;忽于塔内白光出现,直上冲天,三日始散。

韶州奏闻,奉敕立碑,纪师道行。师春秋七十有六,年二十四传衣,三十九祝发③,说法利生,三十七载。嗣法四十三人,悟道超凡者莫知其数。达摩所传信衣,中宗赐磨衲宝钵,及方辩塑师真相,并道具,永镇宝林道场。留传《坛经》,以显宗旨,兴隆三宝,普利群生者。

【注释】

①真身:这里指六祖惠能的肉身舍利。

②铁叶漆布:惠能的弟子们想到有人会来偷去其头的预言,所以就用铁皮和漆布把惠能肉身颈项的部分牢牢的包裹起来。

③祝发：与剃发、薙发同，即出家落发之谓。祝，切断之意。

【译文】

十一月，广州、韶州、新州三州的官员僚属，以及惠能的门人弟子、僧人、俗人，都争着要迎取惠能大师的真身回去供奉，一时间不能决定给谁。于是就烧香祷告说道：香的烟所飘向的地方就是惠能大师所要归去的处所。

当时香烟直飘往曹溪山的方向。

十一月十三日，惠能大师的神位遗体以及所传下来的衣钵都被搬迁回了曹溪山。

第二年七月，惠能大师的肉身遗体被搬出神龛，弟子方辩用香泥包裹了遗体。

弟子门人想着有人要盗取惠能大师首级的事情，于是便先用薄铁片和漆布，加固保护惠能大师的脖子，然后才请入墓塔内。忽然墓塔里面有白色光芒出现，直接冲上天空，三天后才散去。

韶州刺史将惠能大师的事迹上奏皇上后，奉命给惠能大师树立石碑，以纪录大师道行。大师享年七十六，二十四岁得传法衣，三十九岁剃度出家，讲说佛法，惠施众生，共三十七年。得到大师亲传的弟子四十三人，因大师指点悟道超离凡尘的人不计其数。达摩大师所传的表信袈裟，唐中宗所赐予的磨衲袈裟和水晶钵，以及方辩为惠能大师所塑的真相以及佛法用具等等，永远镇守宝林寺道场。《法宝坛经》广为流布，显扬顿教宗门旨意，兴盛昌隆佛、法、僧三宝，普遍利化一切众生。

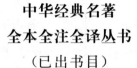

中华经典名著
全本全注全译丛书
（已出书目）

读通鉴论	黄帝内经
宋论	素书
文史通义	新书
鹖子·计倪子·於陵子	淮南子
老子	九章算术(附海岛算经)
道德经	新序
帛书老子	说苑
鹖冠子	列仙传
黄帝四经·关尹子·尸子	盐铁论
孙子兵法	法言
墨子	方言
管子	白虎通义
孔子家语	论衡
曾子·子思子·孔丛子	潜夫论
吴子·司马法	政论·昌言
商君书	风俗通义
慎子·太白阴经	申鉴·中论
列子	太平经
鬼谷子	伤寒论
庄子	周易参同契
公孙龙子(外三种)	人物志
荀子	博物志
六韬	抱朴子内篇
吕氏春秋	抱朴子外篇
韩非子	西京杂记
山海经	神仙传